# Астрология

# и

# Ритуалы

# 2024

## Alina A. Rubi/ Angeline Rubi

*Ритуалы на январь* ...............................................................................12

*Лучшие денежные ритуалы* ................................................................13

*Ритуал на удачу в азартных играх* ..................................................13

*Делайте деньги с помощью Лунной чаши. Полнолуние* ...............14

*Лучшие ритуалы на любовь* ...............................................................15

*Заклинание для успокоения любимого человека* ...........................15

*Ритуал для привлечения любви* ........................................................16

*Привлечь невозможную любовь* ........................................................17

*Лучшие ритуалы для здоровья* ..........................................................18

*Заклинание для защиты здоровья наших домашних животных.* ....19

*аклинание немедленного улучшения* ...............................................19

*Заклинание для похудения* .................................................................20

*Ритуалы на февраль* ............................................................................21

*Лучшие денежные ритуалы* ................................................................22

*Ритуал для увеличения клиентуры. Гибридный полумесяц* ........22

*Заклинание процветания* ....................................................................23

*Лучшие ритуалы для любви* ...............................................................24

*Ритуал укрепления любви* ..................................................................24

*Ритуал спасения угасающей любви* ..................................................25

*Лучшие ритуалы для здоровья* ..........................................................26

*Ритуал для здоровья* ............................................................................27

*Ритуал для здоровья в фазе полумесяца* ..........................................27

*Ритуалы на март* ..................................................................................28

*Лучшие денежные ритуалы* ................................................................29

*Заклинание для успеха на собеседовании.* .......................................29

*Ритуал, чтобы деньги всегда присутствовали в вашем доме.* .......29

*Цыганское заклинание для процветания* .........................................30

*Лучшие ритуалы на любовь* ...............................................................30

*Ритуал, помогающий избавиться от проблем в отношениях* ........30

*Заклинание против депрессии* ...........................................................32

*Заклинание восстановления* ..............................................................33

*Ритуалы на апрель* .................................................................... 34

*Лучшие денежные ритуалы* ................................................... 35

*Заклинание. Открыть пути к изобилию.* ........................... 35

*Лучшие ритуалы для любви* .................................................. 36

*Марокканские любовные галстуки* ...................................... 36

*Заклинание для успокоения любимого человека* ............... 36

*Лучшие ритуалы для здоровья* ............................................. 37

*Римское заклинание для хорошего здоровья* ..................... 37

*Ритуалы на май* ...................................................................... 39

*Полумесяц "Денежный магнит"* ........................................... 40

*Заклинание для очищения дома или бизнеса от негатива.* ...... 41

*Лучшие ритуалы для любви* .................................................. 41

*Неразрывные узы любви* ....................................................... 42

*Ритуал, чтобы я любил только тебя* .................................. 42

*Чай, чтобы забыть о любви* .................................................. 43

*Ногтевой ритуал для любви* .................................................. 44

*Лучшие ритуалы для здоровья* ............................................. 44

*Ритуалы на июнь* .................................................................... 47

*Лучшие денежные ритуалы* ................................................... 48

*Цыганское заклинание процветания* ................................... 48

*Магическая фумигация для улучшения домашнего хозяйства.* ...... 48

*Чудодейственная эссенция для привлечения работы.* ....... 49

*Заклинание для мытья рук и привлечения денег.* .............. 49

*Лучшие ритуалы для любви* .................................................. 49

*Ритуал для предотвращения разлуки* ................................. 50

*Эротическое заклинание* ........................................................ 51

*Ритуал с яйцами для привлечения внимания* ..................... 52

*Африканское заклинание для любви* .................................... 53

*Лучшие ритуалы для здоровья* ............................................. 54

*Заклинание для похудения* ..................................................... 54

*Заклинание для поддержания здоровья* ............................... 54

*Защитная ванна перед хирургической операцией* ............. 57

*Ритуалы на июль* ..................................................................... 58

*Лучшие денежные ритуалы* ............................................................ 59

*Уборка для привлечения клиентов.* ......................................... 59

*Привлекает материальное изобилие. Луна в Четверти Полумесяца* ............... 59

*Заклинание для создания экономического щита для вашего бизнеса или работы.*
............................................................................................ 60

*Лучшие ритуалы для любви* ......................................................... 61

*Экспресс-заклинание денег.* ...................................................... 61

*Ванная комната для привлечения финансовой выгоды* .......... 62

*Лучшие ритуалы для здоровья* .................................................. 63

*Заклинание от хронической боли.* ........................................... 63

*Заклинание немедленного улучшения* ..................................... 64

*Ритуалы на август* .................................................................... 66

*Лучшие денежные ритуалы* ...................................................... 67

*Магическое зеркало для денег. Полнолуние* ........................... 67

*Лучшие ритуалы для любви* ...................................................... 69

*Лучшие ритуалы для любви* ...................................................... 69

*Заклинание, чтобы заставить кого-то думать о вас* ............... 69

*Заклинание, чтобы стать магнитом* ........................................ 70

*Лучшие ритуалы для здоровья* .................................................. 70

*Ритуальная ванна с горькими травами* ................................... 71

*Ритуалы на сентябрь* ................................................................. 72

*Лучшие денежные ритуалы* ...................................................... 73

*Ритуал получения денег за три дня.* ........................................ 73

*Деньги с белым слоном* .............................................................. 73

*Ритуал выигрыша в лотерею.* ................................................... 74

*Лучшие ритуалы для любви* ...................................................... 75

*Ритуал устранения разногласий* .............................................. 75

*Ритуал на взаимность в любви.* ................................................ 76

*Лучшие ритуалы для здоровья* .................................................. 77

*Целебная ванна* .......................................................................... 77

*Защитная ванна перед хирургической операцией* .................. 78

*Ритуалы на октябрь* .................................................................. 79

*Лучшие денежные ритуалы* ...................................................... 80

*Заклинание с сахаром и морской водой для процветания.*...... 80

*Корица* ......80

*Ритуал для мгновенного привлечения денег.* ......81

*Лучшие ритуалы для любви* ......82

*Заклинание, помогающее забыть старую любовь* ......82

*Заклинание для привлечения родственной души* ......83

*Ритуал для привлечения любви.* ......84

*Лучшие ритуалы для здоровья* ......85

*Ритуал для повышения жизненного тонуса* ......85

*Ритуалы на ноябрь* ......86

*Лучшие денежные ритуалы* ......87

*Создайте свой камень, чтобы зарабатывать деньги* ......87

*Лучшие ритуалы для любви* ......88

*Волшебное зеркало любви* ......88

*Заклинание усиления страсти* ......89

*Лучшие ритуалы для здоровья* ......90

*Ритуал для устранения боли* ......90

*Ритуал релаксации* ......90

*Ритуал для здоровой старости* ......91

*Заклинание для лечения тяжелобольных* ......92

*Ритуалы на декабрь* ......93

*Лучшие денежные ритуалы* ......94

*Индуистский ритуал для привлечения денег.* ......94

*Деньги и изобилие для всех членов семьи.* ......95

*Лучшие ежедневные ритуалы для Любви* ......96

*Ритуал превращения дружбы в любовь* ......96

*Германское любовное заклинание* ......97

*Заклинание мести* ......98

*Лучшие ритуалы для здоровья* ......99

*Кристаллическая решетка для здоровья* ......99

*Астрологические прогнозы на 2024 год* ......103

*Общий гороскоп для Овна* ......108

*Любовь* ......110

*Экономика* ............................................................ 111

*Семья* ................................................................ 113

*Здоровье Овна* ....................................................... 114

*Важные даты* ........................................................ 115

**Общий гороскоп для Тельца** ........................................ 122

*Любовь* .............................................................. 124

*Экономика* ........................................................... 125

*Здоровье Тельца* ..................................................... 127

*Семья* ............................................................... 128

*Важные даты* ........................................................ 129

*Близнецы* ............................................................ 132

**Общий гороскоп для Близнецов** ..................................... 137

*Любовь* .............................................................. 140

*Экономика* ........................................................... 142

*Семья* ............................................................... 143

*Здоровье Близнецов* .................................................. 144

*Важные даты* ........................................................ 146

*Рак* ................................................................. 148

**Общий гороскоп для Рака** .......................................... 154

*Любовь* .............................................................. 157

*Экономика* ........................................................... 160

*Семья* ............................................................... 163

*Онкологическое здоровье* ............................................. 164

*Важные даты* ........................................................ 165

**Общий гороскоп для Лев** ........................................... 171

*Любовь* .............................................................. 173

*Экономика* ........................................................... 176

*Семья* ............................................................... 177

*Здоровье Льва* ....................................................... 178

*Важные даты* ........................................................ 179

**Общий гороскоп для Дева** .......................................... 187

*Любовь* .............................................................. 190

*Экономика* ........................................................... 191

*Семья* ............................................................................ 193

*Здоровье Девы* ................................................................ 194

*Важные даты* .................................................................. 195

**Общий гороскоп для Весов** ..................................... 203

*Любовь* ............................................................................ 207

*Экономика* ...................................................................... 208

*Семья* ............................................................................ 210

*Здоровье Весов* .............................................................. 211

*Важные даты* .................................................................. 212

**Скорпион** .................................................................... 214

**Общий гороскоп Скорпион** ..................................... 219

*Любовь* ............................................................................ 221

*Экономика* ...................................................................... 223

*Семья* ............................................................................ 225

*Здоровье Скорпиона* ...................................................... 225

*Важные даты* .................................................................. 226

**Стрелец** ...................................................................... 228

**Общий гороскоп для Стрельца** ............................... 234

*Любовь* ............................................................................ 236

*Экономика* ...................................................................... 237

*Семья* ............................................................................ 238

*Здоровье Стрельца* ........................................................ 239

*Важные даты* .................................................................. 239

**Козерог** ...................................................................... 243

**Общий гороскоп Козерог** ......................................... 249

*Любовь* ............................................................................ 251

*Экономика* ...................................................................... 253

*Семья* ............................................................................ 255

*Здоровье Козерога* ........................................................ 256

*Важные даты для Козерога* .......................................... 257

**Водолей** ...................................................................... 258

**Общий гороскоп Водолей** ......................................... 263

*Любовь* ............................................................................ 266

*Экономика* ............................................................. 267

*Семья* .................................................................. 268

*Здоровье Водолея* ............................................. 269

*Важные даты* ..................................................... 270

**Рыбы** ................................................................. 271

**Общий гороскоп для Рыб** .......................... 277

*Любовь* .............................................................. 280

*Экономика* ........................................................ 283

*Семья* ................................................................ 285

*Здоровье Рыб* .................................................. 286

**Важные даты** ................................................. 287

**Об авторах** ..................................................... 288

**Библиография** ............................................... 291

## *Деньги.*

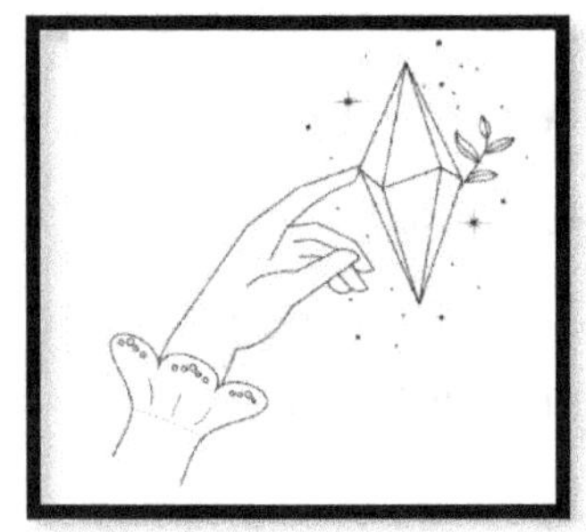

*Иногда самая главная причина отсутствия денег кроется не в недостатке профессионального образования, не в везении или судьбе. Она кроется в нашем подсознании. Если вы действительно верите в то, что заслуживаете достаточного количества денег, вы пошлете эту вибрацию во Вселенную, и деньги придут в вашу жизнь.*

*Если вы подсознательно считаете, что деньги трудно найти или что они достаются лишь немногим счастливчикам, то вы блокируете циркуляцию денег в своей жизни.*

*Блоки финансового изобилия являются следствием глубоко укоренившихся представлений о бедности.*

*Многим из нас внушили, что для благополучной жизни необходимо много работать.*

*Правда заключается в том, что для достижения финансового изобилия вовсе не обязательно упорно трудиться весь день. Вы должны работать с умом, чтобы привлечь финансовое изобилие и процветание.*

*Важное условие для привлечения процветания - быть благодарным за свою работу или другие источники дохода, которые у вас есть, даже если они вам сейчас не нравятся, будьте благодарны за то, что они помогают вам оставаться финансово защищенным.*

*Каждый раз, когда вы получаете деньги, какой бы маленькой ни была их сумма, благодарите за них Вселенную. Когда вы видите свой банковский счет, будьте благодарны за деньги, которые циркулируют в вашей жизни.*

*Благодарность за то, что у вас есть, не только поможет вам ценить и наслаждаться всем тем, что у вас есть, но и привлечет в вашу жизнь еще больше этого.*

**Январь 2024 г.**

| Воскресенье | Понедельник | Вторник | Среда | Четверг | Пятница | Суббота |
|---|---|---|---|---|---|---|
|  | 1 | 2 | 3 | 4 | 5 | 6 |
| 7 | 8 | 9 | 10 | 11 Новолуние | 12 | 13 |
| 14 | 15 | 16 | 17 | 18 | 19 | 20 |
| 21 | 22 | 23 | 24 | 25 Полнолуние | 26 | 27 |
| 28 | 29 | 30 | 31 |  |  |  |

*11 января 2024 года, Козерог Новолуние 20°44'.*

*25 января 2024 года, полнолуние во Льве5°14*

# *Лучшие денежные ритуалы*

**Четверг, 11 января 2024 года** *(день Юпитера). Новолуние в Козероге, знаке стабильности. Хороший день для организации своих целей, призвания, карьеры, получения почестей. Просить о повышении зарплаты, делать презентации, публичные выступления. Для заклинаний, связанных с работой или деньгами. Ритуалы, связанные с повышением по службе, отношениями с начальством, достижением успеха.*

**Четверг, 25 января 2024 года** *(день Венеры) Благоприятен для денежных приворотов, любовных и юридических дел. Ритуалы, связанные с процветанием и получением работы.*

## *Ритуал на удачу в азартных играх*

*На лотерейном билете на лицевой стороне пишется сумма денег, которую вы хотите выиграть, а на обратной стороне - ваше имя. Сожгите билет с помощью зеленой свечи. Соберите пепел в фиолетовую бумагу и закопайте его.*

# Делайте деньги с помощью Лунной чаши.
## Полнолуние

*Вам потребуется:*
*- 1 хрустальный бокал*
*- 1 большая тарелка*
*- Мелкий песок*
*- Золотой блеск*
*- 4 чашки морской соли*
*- 1 малахитовый кварц*
*- 1 стакан морской, речной или святой воды*
*- Палочки корицы или порошок корицы*
*- Сушеный или свежий базилик*
*- Свежая или сушеная петрушка*
*- Зерна кукурузы*
*- 3 купюры текущего номинала*

*Поместите в стакан три сложенные купюры, палочки корицы, зерна кукурузы, малахит, базилик и петрушку. Смешайте блестки с песком и добавьте их в стакан до полного заполнения. Под светом полной луны поставьте тарелку с четырьмя чашками морской соли.*

*Поставьте чашу в центр тарелки, обложив ее солью. Налейте в чашу священной воды, чтобы она хорошо увлажнила соль, оставьте ее на всю ночь при свете полной луны и часть дня, пока вода не испарится и соль не станет сухой.*

Добавьте в стакан четыре-пять зерен соли и долейте остальное.

Занесите чашку в дом, на видное место или туда, где вы храните деньги.

Каждый день полнолуния вы будете рассыпать немного содержимого чаши во всех уголках вашего дома и подметать его на следующий день.

## Лучшие ритуалы на любовь

**Пятница, 19 января 2024 года** (день Венеры). Подходит для заклинаний и ритуалов, связанных с любовью, контрактами и партнерскими отношениями.

### Заклинание для успокоения любимого человека

Вы пишете на коричневой бумаге семь раз полное имя любимого человека и свое сверху.

Поместите эту бумагу в хрустальный бокал и положите туда мед, корицу, розовый кварц и кусочки апельсиновой кожуры.

Во время проведения ритуала мысленно повторяйте: "Я ласкаю тебя, и только настоящая *любовь царит между нами".   Храните его в темном месте.*


### *Ритуал для привлечения любви*


*Вам потребуется.*

*- Розовое масло*

*- 1 розовый кварц*

*- 1 яблоко*

*- 1 красная роза в маленькой вазе*

*- 1 белая роза в маленькой вазе*

*- 1 длинная красная лента*

*- 1 красная свеча*


*Для достижения максимальной эффективности этот ритуал следует проводить в пятницу или воскресенье, в момент нахождения планеты Венера или Юпитер.*

*Перед началом ритуала с использованием розового масла необходимо освятить свечу. Зажгите свечу. Разрежьте яблоко на две части и положите одну из них в вазу с красной розой, а* другую - в вазу с белой розой.  Обвяжите обе вазы красной лентой.  Оставьте их на всю ночь рядом со свечой, пока свеча не догорит.  Во время выполнения этой операции мысленно повторяйте: "Пусть на моем пути появится человек, которому суждено сделать меня счастливым, я принимаю и принимаю его".

Когда розы высохнут, вместе с половинками яблок закопайте их во дворе или в горшке с розовым кварцем.


## Привлечь невозможную любовь


Вам потребуется:
- 1 красная роза
- 1 белая роза
- 1 красная свеча
- 1 белая свеча
- 3 желтые свечи
- Стеклянный фонтан
- Спектакль № 4 Венера

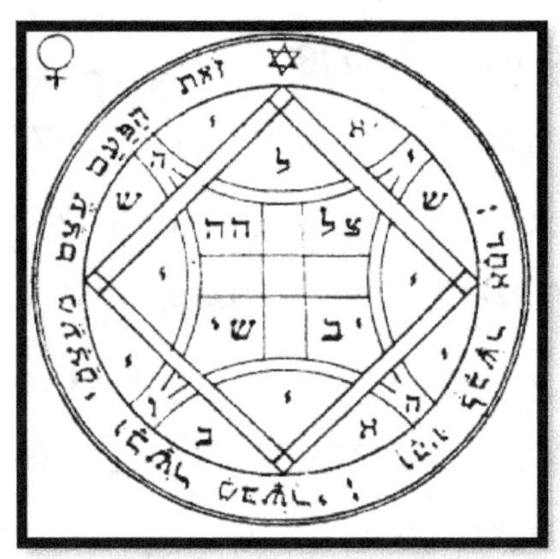

### *Спектакль №4 Венера.*

*Желтые свечи следует расположить в форме треугольника. Напишите на обратной стороне пенала Венеры свои пожелания о любви и имя человека, которого вы хотите видеть в своей жизни, поставьте фонтан на вершину пенала в центре. Зажгите красную и белую свечи и поставьте их в фонтан вместе с розами. При этом повторяйте следующую фразу: "Вселенная направь в мое сердце свет любви (полное имя)".*

*Повторите это три раза. Когда свечи погаснут, вынесите все во двор и закопайте.*

### *Лучшие ритуалы для здоровья*

**Вторник, 30 января 2024 года (день Марса).**
*Защитить себя или восстановить здоровье.*

## Заклинание для защиты здоровья наших домашних животных.

Вскипятите минеральную воду, тимьян, розмарин и мяту. После остывания поместить в бутылку с распылителем перед зеленой и золотой свечой.

После того как свечи будут израсходованы, необходимо использовать этот спрей на животном в течение девяти дней. В основном на грудь и спину.

## аклинание немедленного улучшения

Вы должны получить белую свечу, зеленую свечу и желтую свечу.

Освятите их (от основания до фитиля) сосновой эссенцией и поставьте на стол со светло-голубой скатертью в форме треугольника.

В центр помещается небольшая стеклянная емкость со спиртом и маленький аметист.

На дно контейнера кладется лист бумаги с именем больного или фотография с его полным именем на обороте и датой рождения.

Вы зажигаете три свечи и оставляете их гореть до тех пор, пока они полностью не погаснут.

При выполнении этого ритуала визуализируйте человека полностью здоровым.

### Заклинание для похудения

Нужно уколоть палец булавкой и нанести на белую бумагу 3 капли своей крови и ложку сахара, затем закрыть бумагу, завернув кровь с сахаром.

Положите эту бумагу в новый стеклянный сосуд, наполните его наполовину своей мочой, оставьте на ночь перед белой свечой, а на следующий день закопайте.

# *Ритуалы на февраль*

**февраль 2024 г.**

| Воскресенье | Понедельник | Вторник | Среда | Четверг | Пятница | Суббота |
|---|---|---|---|---|---|---|
|  |  |  |  | 1 | 2 | 3 |
| 4 | 5 | 6 | 7 | 8 | 9 Новолуние | 10 |
| 11 | 12 | 13 | 14 | 15 | 16 | 17 |
| 18 | 19 | 20 | 21 | 22 | 23 Полнолуние | 24 |
| 25 | 26 | 27 | 28 | 29 |  |  |

*9 февраля 2024 года, Водолей Новолуние 20°40'.*

*23 февраля 2024 года, полнолуние в Деве, 5°22'.*

## *Лучшие денежные ритуалы*

*9 февраля 2024 года (день Венеры). В этой фазе мы работаем над увеличением или привлечением чего-либо. В этом цикле мы обращаемся с просьбами о приходе любви, увеличении денег на счетах или престижа на работе.*

### *Ритуал для увеличения клиентуры. Гибридный полумесяц*

*Вам потребуется:*
*- 5 листьев руты*
*- 5 листьев вербены*
*- 5 листьев розмарина*
*- 5 зерен крупной морской соли*
*- 5 кофейных зерен*
*- 5 зерен пшеницы*
*- 1 магнитный камень*
*- 1 белый тканевый мешок*
*- Красная нить*
*- Красные чернила*
*- 1 визитная карточка*
*- 1 горшок с крупным зеленым растением*
*- 4 цитрусовый кварц*

*Поместите в белый пакет все материалы, кроме магнита, открытки и цитринов. Затем зашейте его красной нитью, а на внешней стороне* красными чернилами напишите название бизнеса. Оставьте мешочек под прилавком или в ящике стола на целую неделю.

По истечении этого времени заройте его на дно горшка вместе с камнем-магнитом и визитной карточкой. Наконец, положите четыре цитрина на землю горшка в направлении четырех кардинальных точек.

## Заклинание процветания

Вам потребуется:

- 3 пирита или цитрусовый кварц

- 3 золотые монеты

- 1 золотая свеча

- 1 красный пакетик

В первый день новолуния поставьте стол у окна, на нем разложите монеты и кварц в виде треугольника. Зажгите свечу, поставьте ее в центр и, глядя на небо, трижды повторите следующую молитву:

"Луна, освещающая мою жизнь, используй силу, которой ты обладаешь, чтобы привлечь ко мне деньги и сделать так, чтобы эти монеты умножились".

*Когда свеча сгорит, положите монеты и кварц правой рукой в красный мешочек, носите его всегда с собой, это будет ваш талисман для привлечения денег, никто не должен его трогать.*

### *Лучшие ритуалы для любви*
*11, 22, 25 февраля 2024 года. Для заклинаний и ритуалов, связанных с любовью, контрактами и партнерскими отношениями.*

## *Ритуал укрепления любви*

*Это заклинание наиболее эффективно в фазу полнолуния.*

*Вам потребуется:*
*- 1 деревянный ящик*
*- Фотографии*
*- Мед*
*- Лепестки красной розы*
*- 1 аметистовый кварц*
*- Палочка корицы*

*Вы должны взять фотографии, написать их полные имена и даты рождения, поместить их в коробку так, чтобы они были обращены друг к другу.*

*Добавьте мед, лепестки роз, аметист и корицу.*

*Поместите шкатулку под кровать на тринадцать дней. По истечении этого времени достаньте аметист из шкатулки и промойте его лунной водой.*

*Храните его при себе как амулет для привлечения любви, которой вы так жаждете. В остальное время отнесите его к реке или в лес.*

## **Ритуал спасения угасающей любви**

*Вам потребуется:*
*- 2 красные свечи*
*- 1 лист желтой бумаги*
*- 1 красный конверт*
*- 1 красный карандаш*
*- 1 фотография любимого человека и ваша фотография*
*- 1 металлический контейнер*
*- 1 красная лента*
*- Новая швейная игла*

*Этот ритуал наиболее эффективен в фазе Полумесяца, а также в пятницу в момент нахождения планеты Венера или Солнца. Свечи следует освятить розовым маслом или корицей.*

*Вы пишете на желтой бумаге красным карандашом свое имя и имя партнера. Вы также пишете то, что хотите, короткими, но точными словами. Напишите имена на каждой свече с помощью швейной иглы. Зажгите свечи, положите бумагу между фотографиями лицом к лицу и перевяжите их лентой. Сожгите фотографии в металлическом контейнере со свечой, на которой написано ваше имя, и повторяйте вслух:*

*"Наша укрепляется силой Вселенной и всеми энергиями, существующими во времени".*

*Поместите пепел в конверт, а когда свечи будут израсходованы, положите конверт под матрас у изголовья.*

### Лучшие ритуалы для здоровья

*4,12,19 февраля 2024 года. Благоприятные периоды для проведения хирургических вмешательств, так как благоприятствуют заживлению ран.*

## Ритуал для здоровья

*Заварите в кастрюле несколько лепестков белой розы, розмарин и руту. После остывания добавьте розовую эссенцию и миндальное масло. Зажгите пять фиолетовых свечей в ванной комнате, которую предварительно освятили апельсиновым и эвкалиптовым маслом. На одной свече напишите имя человека. Примите ванну с этой водой и, принимая ее, визуализируйте, что болезни не приблизятся к Вам и Вашей семье.*

## Ритуал для здоровья в фазе полумесяца

*В алюминиевую фольгу положите морскую соль, 3 зубчика чеснока, 4 лавровых листа, 5 листьев руты, черный турмалин и листок бумаги с именем человека. Сверните его и перевяжите фиолетовой лентой. Носите этот амулет с собой в кармане пиджака или в сумочке.*

## *Ритуалы на март*

**март 2024 г.**

| Воскресенье | Понедельник | Вторник | Среда | Четверг | Пятница | Суббота |
|---|---|---|---|---|---|---|
|  |  |  |  |  | 1 | 2 |
| 3 | 4 | 5 | 6 | 7 | 8 | 9 |
| 10 Новолуние | 11 | 12 | 13 | 14 | 15 | 16 |
| 17 | 18 | 19 | 20 | 21 | 22 | 23 |
| 24 Полнолуние | 25 | 26 | 27 | 28 | 29 | 30 |
| 31 |  |  |  |  |  |  |

*10 марта 2024 года, Новолуние в Рыбах 20°16'.*

*24 марта 2024 года, полнолуние в Весах 5°07'*
*(полутеневое лунное затмение 5°13')*

*Лучшие денежные ритуалы*

*8,10,22 марта 2024 года.  Ритуалы, связанные с процветанием и получением работы.*

### Заклинание для успеха на собеседовании.

*Поместите в зеленый пакет три листа шалфея, базилика, петрушки и руты. Добавьте кварц "тигровый глаз" и малахит.*

*Закройте мешочек золотой лентой. Чтобы активировать его, положите его в левую руку на уровне сердца, а затем на несколько сантиметров выше положите правую руку, закройте глаза и представьте, как из вашей правой руки в левую выходит белая энергия, охватывающая мешочек.*

*Вы храните его в бумажнике или кармане.*

### Ритуал, чтобы деньги всегда присутствовали в вашем доме.

*Вам понадобится Белая стеклянная бутылка, черная фасоль, красная фасоль, семена подсолнечника, зерна кукурузы, зерна пшеницы и благовоние мирра.*

*Вы кладете все в бутылку в том же порядке, закрываете ее пробковой крышкой и заливаете дым от благовоний. Затем вы ставите ее в качестве украшения на кухне.*

### Цыганское заклинание для процветания

*Возьмите глиняный горшок среднего размера и покрасьте его в зеленый цвет. На дно положите немного мирры, монетку и несколько капель оливкового масла. Покройте его слоем земли и положите семена любимого растения. Добавьте корицу и еще почвы. Держите горшок в столовой дома и поливайте его, чтобы он рос.*

### Лучшие ритуалы на любовь

*1, 17, 24, 29 марта 2024 г.*

### Ритуал, помогающий избавиться от проблем в отношениях

*Этот ритуал следует проводить во время лунного затмения или фазы полнолуния.*

*Вам потребуется:*
*- 1 белая лента*
*- 1 новые ножницы*
*- 1 шариковая ручка с красными чернилами*

*На белой ленте красными чернилами нужно написать проблему, которая у вас возникла, и имя человека. Затем ножницами разрезать ее на семь частей и при этом повторять вслух:*

*"Это моя проблема. Я хочу, чтобы ты ушел и никогда не возвращался. Пожалуйста, забери ее у меня. Правильно."*

*Поместите все в черный мешок и закопайте.*

## *Любовные переплеты*

*Вам потребуется:*

*- Хорошая трава*

*- Базилик*

*- Фотография любимого человека в полный рост без очков*

*- Ваша фотография в полный рост без очков*

*- 1 желтый шелковый носовой платок*

*- 1 деревянный ящик*

*Поместите в коробку две фотографии с именем, написанным на обратной стороне каждой из них.*

*Положите внутрь желтый платок и посыпьте базиликом и хорошей травой. Оставьте его под воздействием энергии Луны.*

*На следующий день закопайте ее в месте, которое никто не знает, а когда будете открывать яму, визуализируйте то, что хотите. Когда наступит полнолуние, выкопайте коробку и бросьте ее в реку или в море.*


### Лучшие ритуалы для здоровья

*В любой день, кроме субботы.*

### Заклинание против депрессии


*Правой рукой нужно взять фигурку и положить ее в левую часть рта, не разжевывая и не проглатывая.*

*Затем левой рукой берете виноградину и, не разжевывая, кладете ее в правую часть рта. Когда оба фрукта окажутся во рту, одновременно откусите их и проглотите, выделяемая ими фруктоза придаст Вам энергию и радость.*

# Заклинание восстановления

Необходимые элементы:

-1 белая или розовая свеча

-Лепестки розы

-Эвкалиптовое масло

-Лимонное масло

-Апельсиновое масло

Напишите швейной иглой имя того, кто нуждается в заклинании. Освятите свечу с маслами под полной луной, повторяя при этом: "Земля, воздух, огонь, вода привносят в жизнь (называете имя человека) мир, здоровье, радость и любовь". Дайте свече полностью догореть. Остатки свечи можно выбросить в любое место.

# *Ритуалы на апрель*

**апрель 2024 г.**

| Воскресенье | Понедельник | Вторник | Среда | Четверг | Пятница | Суббота |
|---|---|---|---|---|---|---|
|  | 1 | 2 | 3 | 4 | 5 | 6 |
| 7 | 8<br>Новолуние | 9 | 10 | 11 | 12 | 13 |
| 14 | 15 | 16 | 17 | 18 | 19 | 20 |
| 21 | 22<br>Полнолуние | 23 | 24 | 25 | 26 | 27 |
| 28 | 29 | 30 |  |  |  |  |

*8 апреля 2024 года, новолуние и полное солнечное затмение в Овне19°22    '.*

*22 апреля 2024 года, полная Луна в Скорпионе 23°:48'.*

# Лучшие денежные ритуалы

*8, 7, 13, 22 апреля 2024 г.*

**Заклинание. Открыть пути к изобилию.**

*Вам потребуется:*
*- Лавр*
*- Ромеро*
*- 3 золотые монеты*
*- 1 золотая свеча*
*- серебряная свеча*
*- 1 белая свеча*

*Выполнять через 24 часа после новолуния.*

*Расставьте свечи в форме пирамиды, рядом с каждой положите монету, а в середину этого треугольника - листья лавра и розмарина. Зажгите свечи в таком порядке: сначала серебряные, белые и золотые. Повторите следующее обращение: "Силой очищающей энергии и бесконечной энергии я призываю на помощь всех защищающих меня сущностей для исцеления моей экономики".*

*Дайте свечам полностью догореть, а монеты сохраните в кошельке; эти три монеты нельзя тратить. Когда лавр и розмарин высохнут, сожгите их и пропустите дым этого благовония через свой дом или предприятие.*

*2, 13, 17 апреля 2024 г.*

## Марокканские любовные галстуки

*Вам потребуется:*
*- Слюна другого человека*
*- Кровь другого человека*
*- Земля*
*- Розовая вода*
*- 1 красный носовой платок*
*- Красная нить*
*- 1 розовый кварц*
*- 1 черный турмалин*

*Положите красный платок на стол. Поверх платка положите землю, а на нее - слюну, розовый кварц, черный турмалин и кровь человека, которого вы хотите привлечь. Побрезгайте на все розовой водой и завяжите платок красной нитью, следя за тем, чтобы детали не оторвались. Этот платок нужно закопать.*

## Заклинание для успокоения любимого человека

*На коричневой бумаге семь раз напишите полное имя любимого человека и свое сверху. Поместите эту бумагу в хрустальный бокал, добавьте мед, корицу, розовый кварц и кусочки апельсиновой кожуры. Во время проведения ритуала мысленно повторяйте: "Я услаждаю тебя, и только настоящая любовь царит между нами". Храните его в темном месте.*

### *Лучшие ритуалы для здоровья*

*13, 21, 27 апреля 2024 года.*

### *Римское заклинание для хорошего здоровья*

*Необходимо собрать по пять листьев розмарина, руты и лепестков белой розы и заварить их кипятком. После остывания поставьте препарат на три часа над третьим спектаклем Меркурия. Добавьте эссенцию сандалового дерева, розовое и лавандовое масло. В течение пяти дней предлагайте эти ванны Ангелам-хранителям ребенка, зажигая фиолетовую свечу для трансформации негатива в позитив, который предварительно нужно освятить мандариновым маслом.*

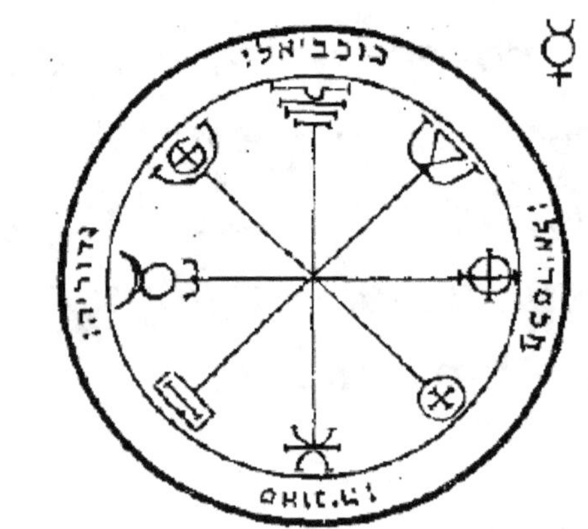

*Третий спектакль Меркурия*

## Ритуалы на май

**май 2024 г.**

| Воскресенье | Понедельник | Вторник | Среда | Четверг | Пятница | Суббота |
|---|---|---|---|---|---|---|
|  |  |  | **1** | **2** | **3** | **4** |
| **5** | **6** | **7** | **8** Новолуние | **9** | **10** | **11** |
| **12** | **13** | **14** | **15** | **16** | **17** | **18** |
| **19** | **20** | **21** | **22** Полнолуние | **23** | **24** | **25** |
| **26** | **27** | **28** | **29** | **30** | **31** |  |

*8 мая 2024 года, Новолуние в Тельце, 18°01'.*

*22 мая 2024 года, полнолуние в Стрельце, 2°54'.*

*Лучшие денежные ритуалы*

*6, 13, 21, 25 мая 2024 г.*

## *Полумесяц "Денежный магнит"*

*Вам потребуется:*

*- 1 пустой бокал для вина*

*- 2 зеленые свечи*

*- 1 горсть белого риса*

*- 12 монет, являющихся законным платежным средством*

*- 1 магнит*

*- Белый рис*

*Зажгите две свечи, которые должны быть расположены по одной с каждой стороны бокала. На дно бокала кладется магнит. Затем возьмите горсть белого риса и положите его в стакан. Затем положите в бокал двенадцать монет. Когда свечи будут израсходованы до конца, положите монеты в угол процветания вашего дома или предприятия.*

**Заклинание для очищения дома или бизнеса от негатива.**

Вам потребуется:
- Яичная скорлупа
- 1 букет белых цветов
- Священная вода или вода полнолуния
- Молоко
- Порошок корицы
- Новое ведро для чистки
- Новая швабра

Начните с того, что протрите свой дом или предприятие изнутри и снаружи, мысленно повторяя, что негатив должен выходить, а позитив - входить. Смешайте все ингредиенты в ведре и протрите пол от внутренней до внешней двери.

Вы даете полу высохнуть, подметаете цветы к уличной двери, собираете их и выбрасываете в мусорное ведро вместе с ведром и шваброй. Не трогайте ничего руками. Делать это следует раз в неделю, желательно в период планеты Юпитер.

**Лучшие ритуалы для любви**
*22 мая Полнолуние.*

# *Неразрывные узы любви*

*Вам потребуется:*
*- 1 Зеленая лента*
*- 1 красный маркер*

*Возьмите зеленую ленту и напишите на ней красными чернилами свое полное имя и имя любимого человека. Затем трижды напишите слова: любовь, Венера и страсть. Привяжите ленту к изголовью кровати и каждый вечер в течение девяти ночей подряд завязывайте узел. По истечении этого времени завяжите ленту тремя узлами на левой руке. Когда она порвется, сожгите ее, а пепел бросьте в море или в то место, где течет вода.*

## **Ритуал, чтобы я любил только тебя**

*Этот ритуал наиболее эффективен, если проводить его в фазе растущей Гибнущей Луны и в пятницу в момент нахождения планеты Венера.*

*Вам потребуется:*
*- 1 столовая ложка меда*
*- 1 Спектакль № 5 Венера.*
*- 1 шариковая ручка с красными чернилами*
*- 1 белая свеча*

*- 1 новая швейная игла*

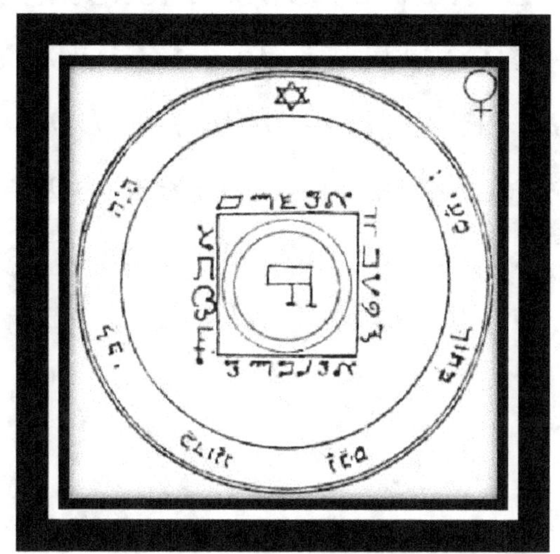

### *Спектакль № 5 Венеры.*

*На обратной стороне пенала Венеры красными чернилами напишите полное имя любимого человека и то, как вы хотите, чтобы он вел себя с вами, вы должны быть конкретны. Затем смочите его медом и обкатайте вокруг свечи так, чтобы он прилип к свече. Закрепите ее швейной иглой. Когда свеча догорит, закопайте ее остатки и повторяйте вслух: "Любовь (имя) принадлежит только мне".*

## **Чай, чтобы забыть о любви**

*Вам потребуется:*
*- 5 листьев мяты*
*- 1 столовая ложка меда*
*- 3 палочки корицы*

В чашке воды заварить все ингредиенты, дать настояться. Выпить, думая о том, что этот человек причинил Вам вред. Мужчины должны принимать его во вторник или среду вечером перед сном, а женщины - в понедельник или пятницу перед сном.


### Ногтевой ритуал для любви


Необходимо срезать ногти на руках и ногах и поместить их в металлическую кастрюлю на средний огонь, чтобы поджарить все остатки этих ногтей. Затем вы достаете их и измельчаете в порошок. Этот порошок вы дадите своему партнеру в напиток или еду.

.


### Лучшие ритуалы для здоровья
В любой день мая 2024 года. Кроме субботы.


### Волшебная формула сияющей кожи


Смешать восемь столовых ложек меда, восемь чайных ложек оливкового масла, восемь столовых ложек коричневого сахара, тертую цедру лимона и четыре капли лимонки. Когда смесь превратится в гладкую массу, нанесите ее на все тело и массируйте в течение пяти минут.

Затем принять ванну, чередуя горячую и холодную воду.


### Заклинание для лечения зубной боли


Из морской соли нужно сделать пятиконечную звезду, большую, потому что в ее центр нужно встать.

 На каждый наконечник помещается черная свеча и символ тетраграмматона (изображение можно распечатать), листья розмарина, лавровый лист, яблочная кожура и листья лаванды.

Когда наступит 12:00, встаньте в центр, зажгите свечи и повторите:

 *sanus ossa mea sunt: et labia circa dentes meos*

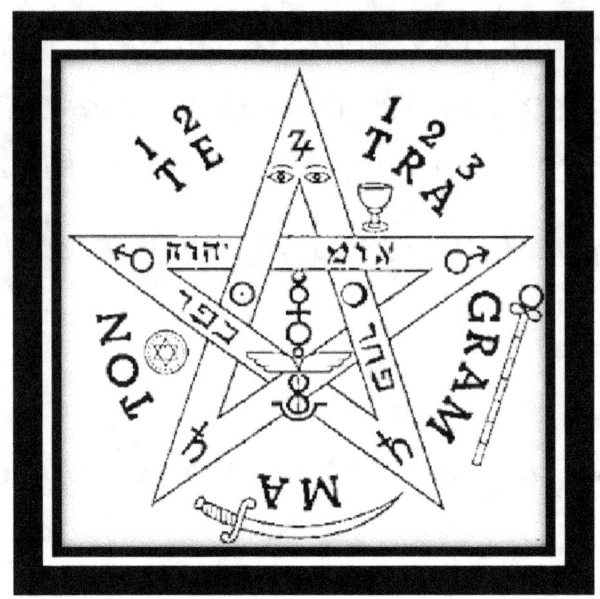

***Символ Тетраграмматона***

# *Ритуалы на июнь*

**июнь 2024 г.**

| Воскресенье | Понедельник | Вторник | Среда | Четверг | Пятница | Суббота |
|---|---|---|---|---|---|---|
| | | | | | | 1 |
| 2 | 3 | 4 | 5 | 6<br>Новолуние | 7 | 8 |
| 9 | 10 | 11 | 12 | 13 | 14 | 15 |
| 16 | 17 | 18 | 19 | 20<br>Полнолуние | 21 | 22 |
| 23 | 24 | 25 | 26 | 27 | 28 | 29 |
| 30 | | | | | | |

*6 июня 2024 года, Близнецы Новолуние 16°17'.*

*20 июня 2024 года, Полнолуние в Козероге 1°06'.*

*Лучшие денежные ритуалы*
*6,13,20, 27 - четверги, дни Юпитера.*

## Цыганское заклинание процветания

*Возьмите глиняный горшок среднего размера и покрасьте его в зеленый цвет. На дно положите немного мирры, монетку и несколько капель оливкового масла.*

*Покройте его слоем земли и положите семена любимого растения. Добавьте корицу и еще почвы. Держите горшок в столовой дома и поливайте его, чтобы он рос.*

## Магическая фумигация для улучшения домашнего хозяйства.

*В металлическом или глиняном сосуде необходимо разжечь три угля, добавить по ложке корицы, розмарина и сушеной яблочной кожуры. Обойдите дом по часовой стрелке.*

*Затем положите лепестки белых роз в ведро с водой и дайте настояться в течение трех часов.*

*С помощью этой воды вы очистите свой дом.*

## Чудодейственная эссенция для привлечения работы.

В бутылку из темного стекла поместите 32 капли спирта, 20 капель розовой воды, 10 капель лавандовой воды и несколько листьев жасмина.

Встряхните его несколько раз, думая о том, что вы хотите привлечь.

Вы помещаете его в диффузор, можете использовать его для дома, бизнеса или в качестве личного парфюма.

## Заклинание для мытья рук и привлечения денег.

Вам понадобится глиняный горшок, мед и вода Полной Луны.

Вымойте руки этой жидкостью, но не выпускайте воду из кастрюли.

Затем оставьте горшок перед процветающим бизнесом или игорным казино.

## Лучшие ритуалы для любви
В любой день июня 2024 года. Кроме субботы.

# *Ритуал для предотвращения разлуки*

*Вам потребуется:*
*- 1 горшок с красными цветами*
*- Мед*
*- Спектакль № 1 Венера*
*- 1 красная пирамидальная свеча*
*- Фотография любимого человека*
*- 7 желтых свечей*

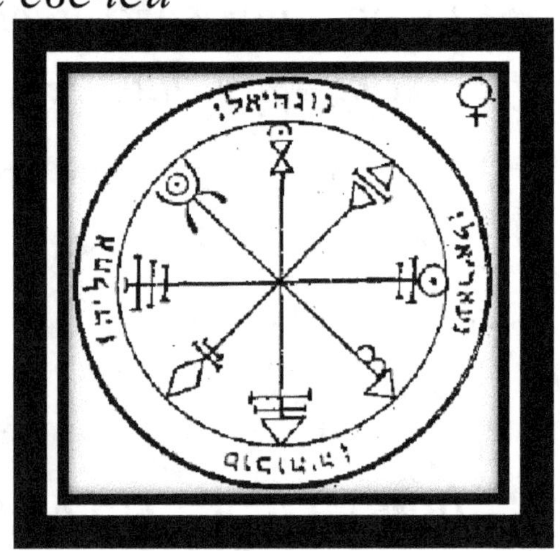

**Спектакль №1 Венеры.**

Необходимо зажечь семь желтых свечей в форме круга. Затем написать за спектаклем Венеры следующее заклинание:


"Я прошу тебя любить меня всю эту жизнь, моя самая дорогая любовь" и имя другого человека. Сложив спектакль из пяти частей вместе с фотографией, закопайте его в цветочный горшок.

*Зажгите красную свечу и полейте почву горшка медом.*

*При выполнении этой операции вы повторяете вслух следующее заклинание: "Благодаря силе Любви мы молимся о том, чтобы (имя человека) с чувством истинной любви, которое принадлежит мне, было сохранено так, чтобы никто и никакая сила не смогли нас разлучить".*

*Когда свечи догорают, вы выбрасываете их остатки в мусорное ведро. Держите горшок в пределах досягаемости и ухаживайте за ним.*

### Эротическое заклинание

*Вы должны достать красную свечу в форме пениса или вагины (в зависимости от пола того, кто произносит заклинание). Напишите на ней имя другого человека.*

*Его необходимо освятить подсолнечным маслом и корицей.*

*Зажигать его следует один раз в день, давая ему прогореть всего на два сантиметра.*

Когда свеча будет полностью израсходована, поместите ее остатки в красный тканевый мешочек вместе с спектаклем № 4 Марса.

Этот пакетик следует держать под матрасом в течение пятнадцати дней.

По истечении этого времени его можно выбросить в мусор.

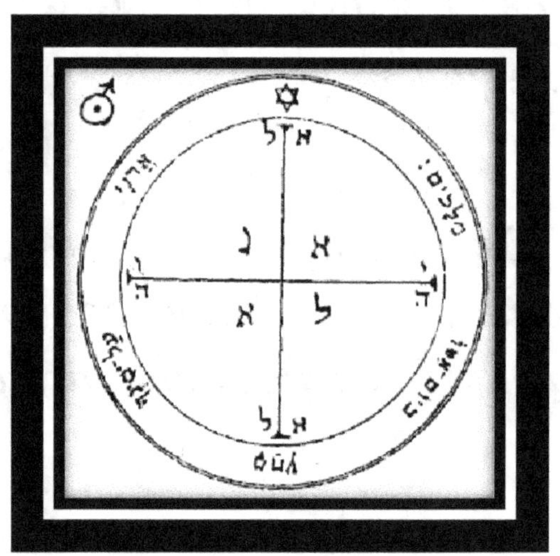

**Спектакль №4 Марс**

## Ритуал с яйцами для привлечения внимания

Вам потребуется:
- 4 яйца
- Желтая краска

Вы должны покрасить четыре яйца в желтый цвет и написать на них слово "Он приходит ко мне".

Возьмите два яйца и разбейте их в передние углы дома человека, которого вы хотите привлечь.

Вы разбиваете еще одно яйцо перед домом этого человека. На третий день вы бросаете четвертое яйцо в реку.


## Африканское заклинание для любви


Вам потребуется:
- 1 яйцо
- 5 красных свечей
- 1 черный носовой платок
- Тыква
- Масло корицы
- 5 швейных игл
- Пчелиный мед
- Оливковое масло
- 5 кусков теста для хлеба
- Гвинейский перец


Вы открываете отверстие в тыкве, после того как напишете полное имя человека, которого хотите привлечь, на бумажном картридже, вставляете его внутрь тыквы.

*Проткните тыкву иглами, повторяя имя этого человека. Насыпьте в тыкву остальные ингредиенты и заверните ее в черный шарф. Оставьте завернутую таким образом тыкву на пять дней перед красными свечами, по одной в день. На шестой день закопайте тыкву на берегу реки.*


### *Лучшие ритуалы для здоровья*
*В любой день июня 2024 года*


### *Заклинание для похудения*


*Нужно уколоть палец булавкой и нанести на белую бумагу 3 капли своей крови и ложку сахара, затем закрыть бумагу, завернув кровь с сахаром.*

*Бумагу помещают в новый стеклянный сосуд, наполовину заполняют его своей мочой, оставляют на ночь перед белой свечой и на следующий день закапывают.*


### *Заклинание для поддержания здоровья*


*Необходимые элементы.*

*-1 белая свеча.*

-1 священная карточка Ангела вашей преданности.

-3    сандаловое благовоние.

-Растительные углеводороды.

-Сушеные травы   эвкалипта и базилика.

-Горсть риса, горсть пшеницы.

-1 белая тарелка или поднос.

-8    лепестков розовой розы.

-1 флакон для духов, персональный.

-1 деревянный ящик.

Для очистки помещения необходимо зажечь растительные угли в металлической емкости. Когда угли хорошо разгорятся, положите на них понемногу сухие травы и обойдите с контейнером все помещение, чтобы устранить негативные энергии.

По окончании выжигания необходимо открыть окна, чтобы дым рассеялся.

Подготовьте алтарь на столе, покрытом белой скатертью. Положите на него выбранную святую карту, а вокруг нее разложите три благовония в форме треугольника. Необходимо освятить белую свечу, затем зажечь ее и поставить перед ангелом вместе с незажженными благовониями.

*Вы должны быть расслаблены, для этого сосредоточьтесь на своем дыхании. Визуализируйте своего ангела и поблагодарите ее за все хорошее здоровье, которое у вас есть и будет всегда, эта благодарность должна исходить из глубины вашего сердца.*

*Совершив благодарственный молебен, поднесите ему в качестве подношения горсть риса и горсть пшеницы, которые положите на поднос или белую тарелку.*

*Рассыпьте по алтарю все лепестки роз, еще раз поблагодарив за оказанные милости. По окончании благодарственного молебна оставьте свечу гореть до полного ее сгорания. В последнюю очередь соберите все остатки свечи, благовоний, риса и пшеницы, положите их в полиэтиленовый пакет и выбросьте в месте, где есть деревья без пакета.*

*Поместите печать ангела вместе с лепестками роз в коробку и поставьте ее в безопасное место в вашем доме. Энергетические духи, используйте их, когда почувствуете, что энергия идет на спад, визуализируя при этом своего ангела и прося его о защите.*

## *Защитная ванна перед хирургической операцией*

*Необходимые элементы:*

*- Фиолетовый колокольчик*

*- Кокосовая вода*

*- Харк*

*- Кельн 1800*

*- Всегда живой*

*- Листья мяты*

*- Листья руты*

*- Листья розмарина*

*- Белая свеча*

*- Масло лаванды*

*Отварите все растения в кокосовой воде, когда она остынет, процедите ее, добавьте шелуху, одеколон, лавандовое масло и зажгите свечу в западной части ванной комнаты. Вылейте смесь в воду для ванны. Если у вас нет ванны, вылейте ее на себя и не вытирайтесь.*

## Ритуалы на июль

**июль 2024 г.**

| Воскресенье | Понедельник | Вторник | Среда | Четверг | Пятница | Суббота |
|---|---|---|---|---|---|---|
|  | 1 | 2 | 3 | 4 | 5 | 6 Новолуние |
| 7 | 8 | 9 | 10 | 11 | 12 | 13 |
| 14 | 15 | 16 | 17 | 18 | 19 | 20 Полнолуние |
| 21 | 22 | 23 | 24 | 25 | 26 | 27 |
| 28 | 29 | 30 | 31 |  |  |  |

*6 июля 2024 года, Рак Новолуние 14°23'.*

*20 июля 2024 года, полнолуние в Козероге 29°08'.*

# Лучшие денежные ритуалы

6, 20 и 22 июля Солнце входит в **знак** Льва.


## Уборка для привлечения клиентов.

Растолочь в ступке десять очищенных лесных орехов и веточку петрушки.

Вскипятите два литра воды "Полнолуние" и добавьте в нее измельченные ингредиенты. Кипятить 10 минут, затем процедить.

С помощью этого настоя вы очистите пол своего бизнеса, начиная от входной двери и заканчивая его нижней частью.

Эту чистку необходимо повторять каждый понедельник и четверг в течение месяца, по возможности в период нахождения планеты Меркурий.


## Привлекает материальное изобилие. Луна в Четверти Полумесяца

Вам потребуется:

- 1 золотая монета или золотой предмет, без камней.

- *1 медная монета*

- *1 серебряная монета*

*В ночь полумесяца с монетами в руках подойдите к месту, где их освещают лучи Луны.*

*Подняв руки вверх, повторяйте: "Луна, помоги мне, чтобы моя удача всегда росла, и процветание всегда сопровождало меня".*

*Пусть монеты звенят в ваших руках.*

*Затем вы будете хранить их в своем кошельке. Этот ритуал можно повторять каждый месяц.*

### *Заклинание для создания экономического щита для вашего бизнеса или работы.*

*Вам потребуется:*
*- 5 лепестков желтых цветов*
*- Семена подсолнечника*
*- Высушенная на солнце цедра лимона*
*- Пшеничная мука*
*- 3 монеты общего пользования*

*Желтые цветы и семена подсолнечника измельчить в ступке и пестиком, затем добавить лимонную цедру и пшеничную муку.*

Хорошо перемешайте ингредиенты и храните их вместе с тремя монетами в герметично закрытой банке.

Этот препарат следует применять каждое утро перед выходом из дома.

Необходимо ввести в бутылку сначала кончики пяти пальцев левой руки, затем правой, после чего растереть на ладонях.

## Лучшие ритуалы для любви

В любой день июля.

### Экспресс-заклинание денег.

Это заклинание наиболее эффективно, если произносить его в четверг.

В стеклянную миску засыпается рис.

Затем зажгите зеленую свечу (которую предварительно нужно освятить) и поставьте ее в центр фонтана.

Зажгите благовоние с корицей и шесть раз обойдите фонтан с его дымом по часовой стрелке.

*Выполняя эту процедуру, мысленно повторяйте: "Я открываю свой ум и сердце для богатства.*

*Изобилие приходит ко мне, сейчас, и все хорошо.*

*Вселенная излучает богатство в мою жизнь, сейчас". Остатки можно выбросить на помойку.*

### Ванная комната для привлечения финансовой выгоды

*Вам потребуется:*

*- 1 растение руты*

*- Цветочная вода*

*- 5 желтых цветков*

*- 5 столовых ложек меда*

*- 5 палочек корицы*

*- 5 капель эссенции сандалового дерева*

*- 1 палочка сандалового ладана*

*В первый день полумесяца в час благоприятный для процветания, прокипятите в течение пяти минут все ингредиенты, кроме Агуафлориды и ладана. Разделите эту ванну на части, так как делать ее нужно в течение пяти дней. То, что не* используется, должно храниться в холоде. Добавьте в состав немного Агуафлориды и зажгите ладан.  Примите ванну и ополоснитесь, как обычно. Медленно опускайте препарат от шеи к ногам. Делайте это в течение пяти дней подряд.


## Лучшие ритуалы для здоровья


В любой день июля.


### Заклинание от хронической боли.


Необходимые элементы:

   -1 золотая свеча

   -1 белая свеча

   -1 зеленая свеча

   -1 Черный турмалин

   -1 фотография себя или личного предмета

   -1 стакан воды "Луна

-Фотография      человека или предмета личного пользования

*Поставьте 3 свечи в форме треугольника, а в центр поместите фотографию или личный предмет. Поставьте стакан с лунной водой на фотографию и насыпьте в него турмалин. Затем зажгите свечи и повторите следующее заклинание: "Я зажигаю эту свечу, чтобы достичь своего выздоровления, призывая свой внутренний огонь и защитных саламандр и ундин, чтобы транс мутировать эту боль и дискомфорт в целительную энергию здоровья и благополучия". Повторите эту молитву 3 раза. По окончании молитвы возьмите стакан, выньте турмалин и вылейте воду в слив дома, свечи затушите пальцами и держите их для повторения этого заклинания до полного выздоровления. Турмалин можно использовать как амулет для здоровья.*

## *Заклинание немедленного улучшения*

*Вы должны взять белую свечу, зеленую и желтую. Освятите их (от основания до фитиля) сосновой эссенцией и поставьте на стол со светло-голубой скатертью в форме треугольника. В центре поставьте небольшую стеклянную емкость со спиртом и маленький аметист. У основания емкости положите лист бумаги с именем больного или фотографию с его полным именем на обороте и датой рождения. Зажгите три свечи и оставьте их гореть до полного сгорания. Во время проведения ритуала визуализируйте человека полностью здоровым.*

# *Ритуалы на август*

**август 2024 г.**

| Воскресенье | Понедельник | Вторник | Среда | Четверг | Пятница | Суббота |
|---|---|---|---|---|---|---|
| | | | | **1** | **2** | **3** |
| **4** Новолуние | **5** | **6** | **7** | **8** | **9** | **10** |
| **11** | **12** | **13** | **14** | **15** | **16** | **17** |
| **18** Полнолуние | **19** | **20** | **21** | **22** | **23** | **24** |
| **25** | **26** | **27** | **28** | **29** | **30** | **31** |

*4 августа 2024 года, новолуние во Льве 12°33'.*

*18 августа 2024 года, Полнолуние в Водолее 27°14'.*

*4,5 августа 2024 г.*

### *Магическое зеркало для денег. Полнолуние*

*Возьмите зеркало диаметром 40–50 см и покрасьте раму в черный цвет. Омойте зеркало святой водой и накройте его черной тканью.*

*В первую ночь полнолуния подставьте его под лучи Луны так, чтобы в зеркале был виден весь лунный диск. Попросите Луну освятить это зеркало, чтобы оно освещало ваши желания.*

*В следующую ночь Полнолуния нарисуйте карандашом для губ денежный символ 7 раз ($$$$$$$).*

*Закройте глаза и представьте себя в материальном изобилии, которого вы желаете. Оставьте нарисованные символы до следующего утра.*

*Затем очистите зеркало до полного исчезновения следов использованной краски, используя святую воду. Положите зеркало на место, где его никто не будет трогать.*

*Для повторения заклинания необходимо три раза в год в полнолуние подзаряжать энергию зеркала.*

*Если вы делаете это в планетарный час, связанный с процветанием, вы добавляете супер энергию к своему намерению.*

## Ритуал для ускорения продаж. Новолуние

*Это эффективный рецепт защиты денег, умножения продаж в вашем бизнесе и энергетического оздоровления помещения.*

*Вам потребуется:*

*-1 зеленая свеча*
*-1 монета*
*- морская соль*
*-1 щепотка острого перца*

*Проводить этот ритуал следует в четверг или воскресенье в момент нахождения планеты Юпитер или Солнца.*

*На территории предприятия не должно быть посторонних лиц.*

*Зажгите свечу и вокруг нее в форме треугольника положите монету, горсть соли и щепотку острого перца.*

*Обязательно поместите перец справа, а горсть соли - слева. Монета должна находиться на вершине пирамиды.*

*Постойте несколько минут перед свечой и визуализируйте все, чего вы желаете в отношении процветания.*

*Останки можно выбросить, а монета хранится у вас на рабочем месте для защиты.*

### Лучшие ритуалы для любви
*Любая пятница, день Венеры.*

### Лучшие ритуалы для любви

*7,14, 21,28, 31 июля.*

### Заклинание, чтобы заставить кого-то думать о вас

*Возьмите небольшое зеркало, которое мы, женщины, используем для макияжа, и поместите за зеркалом свою фотографию.*

*Затем вы берете фотографию человека, о котором хотите думать, и кладете ее перед* зеркалом лицом вниз (так, чтобы две фотографии были обращены друг к другу, а зеркало находилось между ними).

Оберните зеркало куском красной ткани и перевяжите красной ниткой, чтобы они были надежно закреплены, и фотографии не могли двигаться.

Его следует разместить под кроватью, хорошо спрятав.

## Заклинание, чтобы стать магнитом

Чтобы обладать магнетической аурой и привлекать женщин или мужчин, нужно сделать желтый мешочек, в который положить сердце белого голубя и глаза черепахи из порошка.

Если вы мужчина, то этот подсумок следует носить в правом кармане.

Женщины носят этот же мешочек, но внутри бюстгальтера с левой стороны.

## Лучшие ритуалы для здоровья

23 августа Солнце входит в знак Девы.

## *Ритуальная ванна с горькими травами*

Этот ритуал используется в тех случаях, когда человек околдован настолько сильно, что его жизнь находится под угрозой.

Необходимые элементы:
- 7 Листья мирта
- Гранатовый сок
- Козье молоко
- Морская соль
- Священная вода
- Харк
- 8 Листья стенобитного растения

Вылейте козье молоко в большую емкость, добавьте гранатовый сок, священную воду, растения, морскую соль и каскариллу.

Оставьте это средство на три часа перед белой свечой, а затем вылейте на голову. В таком виде следует спать, а на следующий день ополоснуться.

# *Ритуалы на сентябрь*

## Сентябрь 2024 г.

| Воскресенье | Понедельник | Вторник | Среда | Четверг | Пятница | Суббота |
|---|---|---|---|---|---|---|
| 1 | 2 | 3<br>Новолуние | 4 | 5 | 6 | 7 |
| 8 | 9 | 10 | 11 | 12 | 13 | 14 |
| 15 | 16 | 17<br><br>Полнолуние | 18 | 19 | 20 | 21 |
| 22 | 23 | 24 | 25 | 26 | 27 | 28 |
| 29 | 30 | | | | | |

*3 сентября 2024 года, Дева Новолуние 11°03'.*

*17 сентября 2024 года, полнолуние и частичное затмение в Рыбах*
*25°40'*

# Лучшие денежные ритуалы

*3,13,20,2024 сентября*

## Ритуал получения денег за три дня.

Возьмите пять палочек корицы, сушеную цедру апельсина, литр воды Полной Луны и серебряную свечу. Прокипятите корицу и цедру апельсина в лунной воде. Когда вода остынет, переложите ее в бутылку с пульверизатором. Зажгите свечу в северной части гостиной вашего дома и опрыскайте жидкостью все комнаты. При этом мысленно повторяйте: "Духи-проводники защищают мой дом и позволяют мне получить деньги, в которых я нуждаюсь, немедленно".

Когда закончите, оставьте свечу гореть.

## Деньги с белым слоном

Купите белого слона хоботом вверх.

Размещайте его лицом внутрь дома или предприятия, ни в коем случае не перед дверями.

*В первый день каждого месяца кладите в хобот слона купюру наименьшего достоинства, сложенную вдвое по длине, и повторяйте: "Пусть это удвоится на 100"; затем снова сложите ее по ширине и повторяйте: "Пусть это умножится на тысячу".*

*Разверните купюру и оставьте ее в хоботе слона до следующего месяца.*

*Повторите ритуал, меняя купюры.*


### **Ритуал выигрыша в лотерею.**


*Вам потребуется:*
*- 2 зеленые свечи*
*- 12 монет (символизирующих двенадцать месяцев года)*
*- 1 мандарин*
*- Палочка корицы*
*- Лепестки 2 красных роз*
*-1 стеклянная банка с широким горлышком и крышкой*
*-1 старый лотерейный билет*
*- Вода полнолуния*


*В банку положите мандарин, вокруг него - лотерейный билет, монеты, лепестки и корицу,* залейте лунной водой и накройте. На крышку банки поставьте свечу и зажгите ее. На следующий день замените свечу на новую, а на третий день вскройте емкость, выбросьте все, кроме монет, которые будут служить амулетом. Одну из них храните в кошельке, а остальные одиннадцать оставьте дома. В конце года вы должны потратить монеты.

## Лучшие ритуалы для любви
*В любую пятницу сентября 2024 года*

### Ритуал устранения разногласий

Напишите на листке бумаги полные имена свое и своего партнера. Положите его под пирамидку из розового кварца и мысленно повторяйте: "Я (Ваше имя) нахожусь в мире и гармонии с моим партнером (имя партнера), любовь окружает нас сейчас и всегда".

Эту пирамидку с именами следует хранить в зоне любви вашего дома. Правый нижний угол от входной двери — это зона пар, любви, брака или отношений.

## Ритуал на взаимность в любви.


В течение пяти дней и в одно и то же время необходимо сделать на полу пирамиду из лепестков красных роз.   На зеленой свече напишите имя человека, которого хотите полюбить, зажгите ее и поставьте в центр пирамиды, над спектаклем № 3 Венеры.

Вы садитесь перед этой пирамидой и мысленно повторяете: "Я призываю все стихийные силы Вселенной, чтобы (имя человека) соответствовал моей любви". По истечении этого времени остатки свечей можно выбросить в мусорное ведро, а спектакль сжечь.

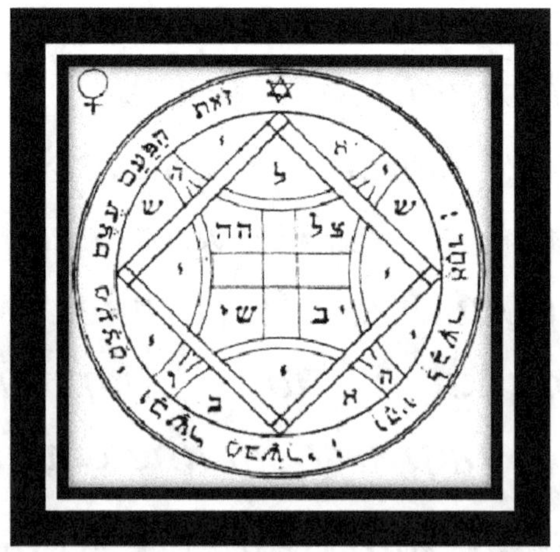

**Спектакль № 3 Венера.**

## Лучшие ритуалы для здоровья

*Любой день в сентябре. Предпочтительно понедельник и пятница.*

## Целебная ванна

### Необходимые элементы:

- *Баклажан*
- *Мудрец*
- *Руда*
- *Агуардиенте*
- *Харк*
- *Вода Флориды*
- *Дождевая вода*
- *Зеленая свеча (если она в пирамидальной форме, то более эффективна)*

Эта ванна будет более эффективной, если делать ее в воскресенье в период Солнца или Юпитера. Нарежьте баклажан на мелкие кусочки и положите его в большую кастрюлю.

Затем отварить шалфей и руту в дождевой воде. Процедите жидкость на кусочки баклажанов, добавьте Aguaflorida, бренди, каскариллу и зажгите свечу. Вылейте смесь в воду для ванны. Если у вас нет ванны, то вылейте ее *сверху и вытритесь воздухом, то есть не пользуйтесь полотенцем.*

## Защитная ванна перед хирургической операцией

### Необходимые элементы:

- *Фиолетовый колокольчик*
- *Кокосовая вода*
- *Харк*
- *Кельн 1800*
- *Всегда живой*
- *Листья мяты*
- *Листья руты*
- *Листья розмарина*
- *Белая свеча*
- *Масло лаванды*

*Эта ванна наиболее эффективна, если делать ее в четверг в период Луны или Марса.*

*Отварите все растения в кокосовой воде, после остывания процедите, добавьте шелуху, одеколон, лавандовое масло и зажгите свечу в западной части ванной комнаты.*

*Вылейте смесь в воду в ванной. Если у вас нет ванны, вылейте ее на себя и не вытирайтесь.*

# *Ритуалы на октябрь*

**октябрь 2024 г.**

| Воскресенье | Понедельник | Вторник | Среда | Четверг | Пятница | Суббота |
|---|---|---|---|---|---|---|
|  |  | 1 | 2 Новолуние | 3 | 4 | 5 |
| 6 | 7 | 8 | 9 | 10 | 11 | 12 |
| 13 | 14 | 15 | 16 Полнолуние | 17 | 18 | 19 |
| 20 | 21 | 22 | 23 | 24 | 25 | 26 |
| 27 | 28 | 29 | 30 | 31 |  |  |

*2 октября 2024 года, кольцевое солнечное затмение в Весах и новолуние 10°02'.*

*16 октября 2024 года, Овен Полнолуние 24°34*

*2, 17, 31 октября 2024 года.*


**Заклинание с сахаром и морской водой для процветания.**


*Вам потребуется:*
*- Морская вода*
*- 3 столовые ложки сахара*
*- 1 стакан из синего стекла*


*Наполните чашу морской водой и сахаром, оставьте ее на открытом воздухе в первую ночь Полнолуния и снимите в 6:00 утра.*

*Затем откройте двери своего дома и начните разбрызгивать сахарную воду от входа к низу, используя бутылку с пульверизатором, при этом мысленно повторяйте: "Я привлекаю в свою жизнь все процветание и богатство, которые, по мнению Вселенной, я заслуживаю, спасибо, спасибо, спасибо".*


### *Корица*


*Он используется для очищения организма. В некоторых культурах считается, что ее сила* заключается в том, что она помогает обрести бессмертие. С магической точки зрения корица связана с силой Луны, так как имеет женскую природу.


### Ритуал для мгновенного привлечения денег.


*Вам потребуется:*
*- 5 палочек корицы*
*- 1 сушеная цедра апельсина*
*- 1 литр святой воды*
*- 1 зеленая свеча*


Доведите до кипения корицу, цедру апельсина и литр воды, затем дайте смеси настояться до остывания. Перелейте жидкость в бутылку с распылителем.

Зажгите свечу в северной части гостиной вашего дома и окропите все комнаты, повторяя при этом: "Ангел Изобилия, я призываю твое присутствие в этом доме, чтобы ни в чем не было недостатка, и у нас всегда было больше, чем нам нужно".

По окончании трижды поблагодарите и оставьте свечу гореть.

*Это можно сделать в воскресенье или четверг в момент нахождения планеты Венера или Юпитер.*

### *Лучшие ритуалы для любви*
*В любой день октября 2024 года.*

### *Заклинание, помогающее забыть старую любовь*

*Вам потребуется:*
*- 3 желтые свечи в форме пирамиды*
*- Морская соль*
*- Белый уксус*
*- Оливковое масло*
*- Желтая бумага*
*- 1 черный пакетик*

*Этот ритуал наиболее эффективен, если проводить его в фазе убывающей Луны.*

*В центре листа вы напишите оливковым маслом имя человека, которого вы хотите убрать из своей жизни.*

*Затем на него устанавливаются свечи в форме пирамиды.*

*Во время выполнения этой операции мысленно повторяйте про себя: "Мой ангел-хранитель* заботится о моей жизни, это мое желание, и оно обязательно сбудется".

Когда свечи будут израсходованы, заверните все остатки в ту же бумагу и полейте их уксусом.

Затем поместите его в черный пакет и выбросьте в месте, удаленном от дома, желательно среди деревьев.


### Заклинание для привлечения родственной души


*Вам потребуется:*
*- Листья розмарина*
*- Листья петрушки*
*- Листья базилика*
*- Металлический контейнер*
*- 1 красная свеча в форме сердца*
*- Эфирное масло корицы*
*- 1 сердце, нарисованное на красной бумаге*
*- Алкоголь*
*- Лавандовое масло*


Сначала нужно освятить свечу маслом корицы, затем зажечь ее и поставить рядом с металлическим контейнером.

Смешайте в контейнере все растения. Напишите в бумажном сердце все характеристики человека, которого вы хотите видеть в своей жизни, напишите подробности. Налейте на бумагу пять капель лавандового масла и поместите ее в контейнер. Сбрызните ее спиртом и подожгите. Все остатки нужно разбросать на берегу моря, а пока вы это делаете, сосредоточьтесь и попросите, чтобы этот человек пришел в вашу жизнь.

### Ритуал для привлечения любви.

*Вам потребуется.*
*- Розовое масло*
*- 1 розовый кварц*
*- 1 яблоко*
*- 1 красная роза в маленькой вазе*
*- 1 белая роза в маленькой вазе*
*- 1 длинная красная лента*
*- 1 красная свеча*

Для достижения максимальной эффективности этот ритуал следует проводить в пятницу или воскресенье, в момент нахождения планеты Венера или Юпитер.

Перед началом ритуала с использованием розового масла необходимо освятить свечу.

*Зажгите свечу.  Разрежьте яблоко на две части и положите одну из них в вазу с красной розой, а другую - в вазу с белой розой.*

*Обвяжите обе вазы красной лентой. Оставьте их на всю ночь рядом со свечой, пока свеча не догорит.  Во время выполнения этой операции мысленно повторяйте: "Пусть на моем пути появится человек, которому суждено сделать меня счастливым, я принимаю и принимаю его".  Когда розы высохнут, вместе с половинками яблок закопайте их во дворе или в горшке с розовым кварцем.*

**Лучшие ритуалы для здоровья**
*Каждое воскресенье октября 2024 года*

**Ритуал для повышения жизненного тонуса**

*Замочите алюминиевую пирамидку в ведре с водой на 24 часа. На следующий день после обычного купания ополоснитесь этой водой.  Этот ритуал можно проводить один раз в неделю.*

# *Ритуалы на ноябрь*

**ноябрь 2024 г.**

| Воскресенье | Понедельник | Вторник | Среда | Четверг | Пятница | Суббота |
|---|---|---|---|---|---|---|
|  |  |  |  |  | 1 Новолуние | 2 |
| 3 | 4 | 5 | 6 | 7 | 8 | 9 |
| 10 | 11 | 12 | 13 | 14 | 15 Полнолуние | 16 |
| 17 | 18 | 19 | 20 | 21 | 22 | 23 |
| 24 | 25 | 26 | 27 | 28 | 29 | 30 Новолуние |

*1 ноября 2024 года, новолуние в Скорпионе, 9°34'.*

*15 ноября 2024 года, полнолуние в Тельце 24°00'.*

*30 ноября 2024 года, новолуние в Стрельце, 9°32'.*

*Лучшие денежные ритуалы*

*1,15,30 ноября 2024 г.*

**Создайте свой камень, чтобы зарабатывать деньги**

*Вам потребуется:*

*- Земля*

*- Священная вода*

*- 7 монет любого номинала*

*- 7 камней пирита*

*- 1 зеленая свеча*

*- 1 чайная ложка корицы*

*- 1 чайная ложка морской соли*

*- 1 чайная ложка коричневого сахара*

*- 1 чайная ложка риса*

*Проводить этот ритуал следует при свете полной луны, т. е. на открытом воздухе.*

*В емкость налить воду с землей так, чтобы получилась густая масса. Добавьте в смесь чайные ложки соли, сахара, риса и корицы и положите в разных местах, в середине теста, 7 монет и 7 пиритов. Равномерно перемешайте эту смесь, разровняйте ее ложкой. Оставьте контейнер под светом полной луны на всю ночь, а часть следующего дня - на солнце, чтобы он высох. После высыхания занесите его в дом и поставьте на него зажженную зеленую свечу. Не очищайте камень от остатков воска. Поместите его на кухне, как можно ближе к окну.*

### *Лучшие ритуалы для любви*
*Каждую пятницу и понедельник ноября.*


## *Волшебное зеркало любви*

*Возьмите зеркало диаметром 40–50 см и покрасьте раму в черный цвет. Омойте зеркало священной водой и накройте его черной тканью. В первую ночь полнолуния оставьте его под лучами Луны так, чтобы в зеркале был виден весь лунный диск.*

*Попросите Луну освятить это зеркало, чтобы оно освещало ваши желания.*

*В следующую ночь Полнолуния напишите карандашом для губ все, что вы желаете в любви. Укажите, каким вы хотите видеть своего партнера во всех отношениях. Закройте глаза и* представьте себя счастливым и рядом с ней. Написанное оставьте до следующего утра.

Затем очистите зеркало до полного исчезновения следов использованной краски, используя святую воду. Положите зеркало на место, где его никто не будет трогать.

Для повторения этого заклинания необходимо три раза в год заряжать зеркало энергией Полнолуния. Если вы делаете это в планетарный час, связанный с любовью, вы добавляете к своему намерению суперсилу.


## Заклинание усиления страсти


Вам потребуется:
- 1 лист зеленой бумаги
- 1 зеленое яблоко
- Красная нить
- 1 нож


Этот ритуал должен быть проведен в пятницу в час планеты Венера.


Вы пишете на зеленом листе бумаги имя партнера и свое и рисуете вокруг него сердце.

Разрежьте яблоко ножом пополам и положите бумагу между двумя половинками.

Затем обвяжите половинки красной нитью и завяжите 5 узлов.

Вы собираетесь откусить от яблока и проглотить этот кусок.

В полночь вы закопаете остатки яблока как можно ближе к дому вашего партнера, если вы живете вместе, то закопайте его в своем саду.

### Лучшие ритуалы для здоровья
*Каждый четверг в ноябре 2024 года*

### Ритуал для устранения боли

Следует лечь на спину головой на север и положить желтую пирамидку на низ живота на 10 минут, тогда недомогания исчезнут.

### Ритуал релаксации

Возьмите в руки фиолетовую пирамидку, лягте на спину с закрытыми глазами, сохраняйте сознание пустым и дышите спокойно. В этот момент вы почувствуете, что ваши руки, ноги и грудная клетка онемели.

После этого вы почувствуете, что они стали тяжелее, это означает, что вы полностью расслабились, этот ритуал порождает мир и гармонию.


## Ритуал для здоровой старости

Вы должны взять большое яйцо и покрасить его в золотой цвет.

Когда краска высохнет, поместите ее в круг, который вы сделаете из 7 свечей (1 красная, 1 желтая, 1 зеленая, 1 розовая, 1 голубая, 1 фиолетовая, 1 белая). Сядьте перед кругом, покрыв голову белым платком, и зажгите свечи по часовой стрелке. Во время зажигания свечей повторяйте следующие аффирмации:

Я становлюсь лучшей версией себя.
Мои возможности безграничны.
У меня есть свобода и сила, чтобы создать ту жизнь, которую я хочу.
Я выбираю быть добрым к себе и любить себя безоговорочно.
Я делаю то, что могу, и этого достаточно.
Каждый день — это возможность начать все сначала.

*Где бы я ни находился на своем пути, там мое место.*

*Дайте свечам догореть.*

*Затем закопайте яйцо в глиняный горшок, засыпьте его пляжным песком и оставьте на свету солнца и луны на три дня и три ночи подряд.*

*Вы будете хранить этот горшок в своем доме в течение трех лет, по истечении этого срока выкопаете яйцо, разобьете скорлупу и все, что найдете внутри, оставите в доме как защитный амулет.*


### Заклинание для лечения тяжелобольных


В металлический контейнер необходимо поместить диагноз врача и актуальную фотографию человека. По обе стороны от него поставьте две зеленые свечи и зажгите их.

Содержимое контейнера сжечь, а во время горения добавить волосы человека.

Если есть только пепел, поместите его в зеленый конверт, больной должен спать с этим конвертом под подушкой в течение 17 дней.

# *Ритуалы на декабрь*

**декабрь 2024 г.**

| Воскресенье | Понедельник | Вторник | Среда | Четверг | Пятница | Суббота |
|---|---|---|---|---|---|---|
| 1 | 2 | 3 | 4 | 5 | 6 | 7 |
| 8 | 9 | 10 | 11 | 12 | 13 | 14 |
| 15 | 16 | 17 | 18 | 19 | 20 | 21 |
| 22 | 23 | 24 | 25 | 26 | 27 | 28 |
| 29 | 30 Новолуние | 31 | | | | |

На 14 — Полнолуние.

*15 декабря 2024 года Полнолуние в Близнецах 23°52'.*

*30 декабря 2024 года Новолуние в Козероге 9°43'.*

*14, 20, 30 декабря 2024 г.*

**Индуистский ритуал для привлечения денег.**

*Идеальными днями для проведения этого ритуала являются четверг или воскресенье, в момент нахождения на планете Венера, Юпитер или Солнце.*
*Вам потребуется:*
*- Эфирное масло руты или базилика*
*- 1 золотая монета*
*- 1 новая сумочка или кошелек*
*- 1 колос пшеницы*
*- 5 пиритов*

*Золотую монету нужно освятить, помазав ее маслом базилика или руты и посвятив Юпитеру. Во время помазания мысленно повторяйте:*

*"Я хочу, чтобы ты насытил эту монету своей энергией, чтобы в мою жизнь пришло экономическое изобилие".*

*Затем намажьте пшеничный колос маслом и поднесите его Юпитеру, прося его не испытывать недостатка в пище в вашем доме. Монету вместе с пятью пиритами положите в новую шкатулку для монет и закопайте в передней левой части вашего дома. Кукурузный колос вы будете держать на кухне вашего дома.*

## Деньги и изобилие для всех членов семьи.

*Вам потребуется:*
*- 4 фаянсовых контейнера*
*- 4 пенала №7 Юпитера (можно распечатать)*

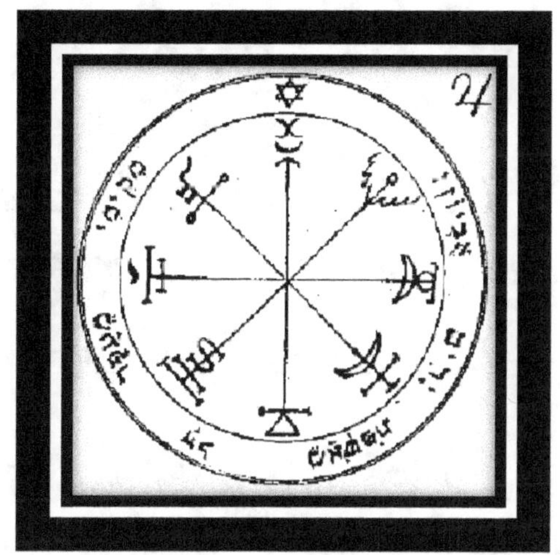

**Спектакль №7 Юпитера.**

*- Мед*
*- 4 цитрина*

*В пятницу в час планеты Юпитер напишите на обратной стороне седьмого пенала Юпитера имена всех людей, живущих в вашем доме.*

*Затем положите каждый лист бумаги в глиняные горшочки вместе с цитринами и полейте их медом. Поставьте горшочки в четырех* кардинальных точках вашего дома. Оставьте их там на месяц. По истечении этого срока мед и потекли выбросьте, а цитрины оставьте в гостиной.


### *Лучшие ежедневные ритуалы для Любви*
*Пятница и воскресенье декабря 2024 г.*


## *Ритуал превращения дружбы в любовь*


Наибольшую силу этот ритуал приобретает, если проводить его во вторник в час Венеры.

Вам потребуется:


- 1 Фотография любимого человека в полный рост
- 1 небольшое зеркало
- 7 волос
- 7 капель вашей крови
- 1 красная пирамидальная свеча
- 1 золотой пакетик


Нанесите капли своей крови на зеркало, положите сверху волосы и подождите, пока они высохнут. Поместите фотографию поверх зеркала (когда кровь высохнет).

Вы зажигаете свечу и ставите ее справа от зеркала, концентрируетесь и повторяете:

"Мы соединены навеки силой моей крови и силой (имя любимого человека) любви, которую я испытываю к тебе. Дружба заканчивается, но начинается вечная любовь".

Когда свеча будет израсходована, необходимо поместить все это в золотой мешок и выбросить в море.


## Германское любовное заклинание


Это заклинание наиболее эффективно, если выполнять его во время фазы Полнолуния в 23:59 ночи.


Вам потребуется:
- 1 фотография любимого человека
- 1 ваша фотография
- 1 Сердце белого голубя
- 13 лепестков подсолнечника
- 3 штифта
- 1 розовая свеча
- 1 синяя свеча
- 1 новая швейная игла
- Коричневый сахар

*- Порошок корицы*
*- 1 стол*

*Поместите фотографии на доску, сверху положите сердце и воткните в него три булавки. Окружите их лепестками подсолнуха, поставьте розовую свечу слева, а голубую - справа и зажгите их в том же порядке.*

*Уколите указательный палец левой руки и дайте трем каплям крови упасть на сердце. Пока кровь падает, вы трижды повторяете: "Силой крови ты (имя человека) принадлежишь мне".*

*Когда свечи будут израсходованы, все закапывают, а перед тем, как закрыть отверстие, кладут порошок корицы и коричневый сахар.*

## *Заклинание мести*

*Вам потребуется:*
*- 1 речной камень*
*- Красный перец*
*- Фотография человека, укравшего вашу любовь*
*- 1 горшок*
*- Кладбищенская почва*
*- 1 черная свеча*

*Вы должны написать на обратной стороне фотографии следующее заклинание: "Силой мести я обещаю тебе, что ты отплатишь мне и больше никогда никому не причинишь вреда, ты аннулирован".*

*(имя лица)".*

*Затем на дно горшка поместите фотографию человека, сверху положите камень, насыпьте кладбищенскую землю и красный перец, в таком порядке.*

*Зажгите черную свечу и повторите то же заклинание, которое вы написали за фотографией. Когда свеча будет израсходована, выбросьте ее в мусорное ведро, а цветочный горшок оставьте в месте, где есть гора.*

## *Лучшие ритуалы для здоровья*

*В любой четверг декабря 2024 года*

## *Кристаллическая решетка для здоровья*

*Первый шаг - решить, какую цель вы хотите реализовать. Напишите на листе бумаги свои желания, касающиеся здоровья, обязательно в* настоящем времени, они не должны содержать слово **НЕТ.** Например, "У меня идеальное здоровье".


***Необходимые элементы.***
    *- 1 крупный аметистовый кварц (фокус)*
    *- 4 Лайма*
    *- 4 небольших сердоликовых кварца*
    *- 6 кварц "тигровый глаз*
    *- 4 цитрина*
    *- 1 Геометрическая фигура Цветка жизни*
    *- 1 Белый кварцевый наконечник для активации решетки*

**Цветок жизни.**


Чтобы очистить камни от энергий, которые они могли впитать, прежде чем попасть к вам в руки, перед ритуалом их следует очистить кварцем, лучше всего морской солью. Оставьте их с морской солью на ночь. Когда вы достанете их, можно также зажечь палочку и окурить их, чтобы усилить процесс очищения.

Геометрические узоры помогают нам лучше представить, как энергии соединяются между узлами; узлы — это решающие точки в геометрии, это стратегические позиции, где вы разместите кристаллы, чтобы их энергии взаимодействовали друг с другом, создавая энергетические потоки высоких вибраций, (как будто это цепь), которые мы можем направить на наше намерение.

Вам нужно найти тихое место, потому что при работе с кристаллическими нитями мы работаем с универсальными энергиями.

Возьмите камни по одному и положите их в левую руку, которая у вас будет в виде чаши, накройте ее правой рукой и повторяйте вслух названия символов Рейки: Cho Ku Rei, Sei He Ki, Hon Sha Ze Sho Nen и Dai Ko Mio, по три раза подряд каждый.

Это делается для того, чтобы зарядить камни энергией.

Сложите бумагу и поместите ее в центр сетки. Сверху поместите большой аметистовый кварц, этот камень в центре - фокус, остальные разместите, как в *примере.

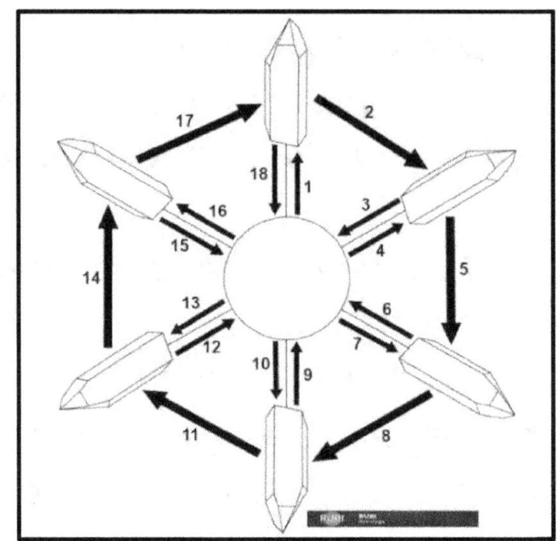

Соедините их кварцевым наконечником, начиная с кругового фокуса по часовой стрелке.

После установки гриля оставьте его в таком месте, где никто не сможет к нему прикоснуться. Раз в несколько дней его нужно пере подключать, то есть активировать кварцевым наконечником, мысленно представляя то, что вы написали на бумаге.

### *Овен*

*Мощный и харизматичный, Овен, первый знак Зодиака, когда дело касается любви и романтики, питается огнем, своей природной стихией.*

*Известный своим непредсказуемым темпераментом и нежностью, Овен многогранен в любви.*

*Отчасти успех Овна объясняется его магнетизмом и природными способностями, он притягивает к себе своим врожденным энтузиазмом и оптимизмом, наполняя все отношения заразительной радостью жизни.*

*Будучи таким амбициозным знаком, неудивительно, что Овен стремится к идеальным отношениям. Овен может сказать, что идеальные отношения — это те, в которых нет ссор, но на самом деле этот знак больше удовлетворен захватывающей дозой напряжения.*

*Он любит побеждать, и конкурс заставляет его подчеркивать свои лучшие качества.*

*Если вы хотите, чтобы он был увлечен, обязательно признавайте его победы.*

*Все огненные знаки (Овен, Лев и Стрелец) нуждаются в аудитории, но Овен смелее всех проявляет свою потребность в подтверждении, и у вас всегда будут счастливые отношения с напористым Овном, если вы будете заканчивать каждое слово восклицательным, а не вопросительным знаком.*

*Эго Овнов - часть их космической конфигурации, иногда они могут быть высокомерными, но их эго не так уж и плохо. Фактически весь Зодиак начинается из-за уверенности Овна в себе.*

*Жизнерадостный дух Овна бодрит и вдохновляет, но он может быть непростым, так как требует постоянного внимания, которое, если им не управлять, может утомить вас. Партнерам Овнов важно научиться говорить "нет", даже если для этого придется иногда мириться с истериками.*

*Вы должны помнить, что Овен всегда оценивает границы дозволенного, поэтому не удивляйтесь, если Ваш партнер-Овен иногда говорит или делает что-то неподобающее. Это их способ оценить, что можно, а что нельзя, поэтому, если Ваш партнер-Овен делает что-то не так, не забудьте сразу же сказать ему об этом.*

Этот огненный знак уважает личные границы, поэтому, поняв параметры ваших отношений, он обязательно будет выполнять ваши требования.

Овен нуждается в заботе и постоянной поддержке, и, хотя он создает впечатление сильного, он очень деликатен, поэтому, если вы готовы играть роль эмоционального болельщика, ваш партнер-Овен будет вам бесконечно благодарен.

Овен очень амбициозен и хочет быть частью пары, которая блистает и наедине, и на публике, однако, если стремления партнера Овна превосходят его самого, этот огненный знак становится немного завистливым.

Если это произошло, не волнуйтесь, просто найдите возможность отметить его достижения, и он обязательно засияет от благодарности.

Играть в игры в любви не рекомендуется, но с Овном все иначе, так как он любит вызов. Однако не стоит прибегать к манипуляциям, так как Овен прямолинеен, и нет ничего более ненавистного для него, чем когда его дразнят.

Вы можете шутить и быть игривым, но в конце концов убедитесь, что вы всегда делаете это с честными намерениями.

Овен любит комфорт и ценит стиль, поэтому, если вы ищете новые способы привлечь его внимание, не бойтесь выделиться - его привлекают сложные модные решения, яркие цвета и смелые узоры.

Несоответствия захватывают его пламенное сердце, а поскольку он любит радость, то, заметив, как вы веселитесь, вы сразу же вызовете влечение.

Овна обуревает страсть, поэтому, когда речь идет о долгосрочных отношениях, очень важно находить новые и увлекательные способы поддерживать пламя любви в постоянном состоянии.

Для Овна важен секс, физический контакт обязательно насытит Овна.

Им всегда хочется чувствовать, что отношения — это выбор, а не обязанность, поэтому они будут поддерживать искру, наполняя свои отношения приключениями, драматизмом и, конечно же, время от времени ссорясь.

Борьба, помните, полезна для Овна, так как она поддерживает его огонь, и, если вы когда-либо были в отношениях с Овном в течение длительного периода времени, вы уже знаете, что *в какой-то момент отношения приходят к перепутью.*

*Поскольку Овен привык с головой окунаться в отношения, для него важны моменты размышления, так как ему нужна свобода, чтобы обдумать последствия долгосрочных обязательств. Поэтому Вы должны дать ему возможность взвесить свои возможности и прийти к какому-то решению.*

*Немного поразмыслив, ваш партнер-Овен, несомненно, вернется к отношениям с большим энтузиазмом.*

## **Общий гороскоп для Овна**

*Прошедший год был сложным и интересным. У Вас не было ни одного однообразного момента. Жизнь казалась суматошной и безумной. На первый взгляд это выглядело безумием, но под этим скрывалась глубокая духовная программа. Вы освобождались и освобождаетесь от всех видов рабства.*

*Предсказания для Овнов на 2024 год указывают на то, что первая половина года будет полна удачи, любви и роста. Однако во второй половине года могут возникнуть проблемы, связанные со здоровьем, бизнесом, личной жизнью, работой и многим другим.*

*В 2024 году у вас могут возникнуть проблемы со здоровьем, трудности в экономическом положении, но главной заботой будет здоровье.*

*Трудности могут наблюдаться и в личной жизни, постарайтесь сохранить уважение в отношениях.*

*В первую неделю января планета Меркурий становится дефектной, и это космическое изменение акцентирует внимание на вашей социальной жизни в течение всего года. Вы получите в этом году все необходимое для процветания, постарайтесь внимательно отнестись ко всем возможностям.*

*Овны, в этом 2024 году вы должны стараться быть последовательными в своей работе и целеустремленными. Если Вы долгое время работали над каким-либо проектом или с энтузиазмом вкладывали в него свои силы, судьба повернет все в Вашу пользу. Небо выльет в Вашу жизнь лавину позитива и успеха.*

*Планетарные влияния еще больше сблизят Вас с любовью всей Вашей жизни, если у Вас нет партнера. Гороскоп на 2024 год показывает, что в этом году Вас ожидают приятные романтические отношения с партнером. Возможны некоторые недоразумения и мелкие конфликты, но в целом Вы будете испытывать абсолютное счастье.*

*Ваши семейные связи будут удовлетворительными. У Вас будет возможность в любых обстоятельствах положиться на своих родных и близких. С окружающими Вас людьми всегда будут возникать разногласия и расхождения во взглядах, но неприятных сюрпризов в гороскопе на 2024 год не предвидится.*

*Ожидайте некоторых изменений в своей профессии, но у Вас будет работа и деньги - самое главное в этот период спада. Вы будете* полны энтузиазма и амбициозны во всем, что делаете. Монотонность не будет присутствовать в Вашей жизни, и она будет настолько захватывающей и роскошной, насколько Вы захотите и сможете себе представить. Единственное, что можно посоветовать, — это упорно трудиться и максимально использовать все благоприятные возможности, которые будут открываться перед Вами в течение всего года.

Ни в коем случае нельзя действовать импульсивно, так как это может разрушить ваши шансы на успех.

### Любовь

Вы должны научиться делиться, не задыхаясь, и это станет тем чудесным ключом, который откроет двери сердца вашего сентиментального партнера или того человека, которого вы жаждете покорить.

Если у Вас нет прочной связи с партнером, то каждый период полнолуния побуждает Вас пересмотреть приоритеты в отношениях, и, возможно, Вам придется внести ряд изменений в лучшую сторону. Вы станете более вовлеченными, если сделаете правильный выбор, или уйдете, если не верите, что у этих отношений есть будущее. С *другой стороны, есть некоторые отношения и связи, которые уже не годятся для Вас, и Вы будете вынуждены от них отказаться или, по крайней мере, не уделять им так много времени и энергии.*

*Год заканчивается для вас на нестабильной ноте: 6 декабря 2024 года Марс, ваша правящая планета, станет ретроградным в вашей сфере любви.*

*Конец 2024 года будет сложным временем для любви, вам будет трудно управлять своими любовными отношениями, так как вернутся старые проблемы и возможны постоянные ссоры с близкими людьми.*

*Постарайтесь быть более понимающим, терпеливым и находить здоровый выход своим разочарованиям.*

### Экономика

*Весь год Уран будет находиться в вашем финансовом секторе, продолжая вносить изменения в то, как вы распоряжаетесь деньгами, зарабатываете и тратите их.*

*Постарайтесь искать финансовые возможности и постарайтесь сделать все возможное, чтобы освоить эту непростую энергию.*

*Возможно, вы захотите превратить свое хобби в нечто прибыльное или начать работать по совместительству, чтобы получать дополнительные деньги. Это поможет вам облегчить некоторые трудности и погасить долги.*

*Вы получите финансовую прибыль от инвестиций на фондовом рынке. Вы вложите деньги в деловые предприятия, например, купите дом или землю для строительства дома, а также выплатите кредит.*

*Экономические прогнозы на 2024 год указывают на то, что вы получите прибыль от недвижимости или имущества.*

*Другие будут воспринимать вас как более уверенного в себе человека и могут доверить вам больше ответственности. Возможно, они передадут Вам контроль над проектом.*

*Это отличный год для того, чтобы устроиться на лучшую работу, даже требующую более высокой квалификации.*

*В некоторые периоды года предвидятся изменения, потери или неудачи, которые заставят вас задуматься о новых стратегиях своего будущего. Эти неблагоприятные ситуации будут находиться вне вашего контроля и будут реагировать на общие экономические условия.*

*2024 год завершается Новолунием 30 декабря в вашей профессиональной сфере, и эта Луна поможет вам войти в курс дела на 2025 год.*

*Ставьте новые цели и с нетерпением ищите возможности сделать следующий год впечатляющим.*


### *Семья*

*Возможно, вы будете больше времени проводить дома, пытаясь наладить семейную жизнь, и это может стать годом ремонта жилья, или вы решите переехать.*

*Воспользуйтесь периодами Новолуния для улучшения домашней жизни или проводите больше времени дома или в местах, где чувствуете себя как дома.*

*Возможно, у вас появится возможность сделать что-то вместе с семьей или с тем, кого вы считаете семьей, и это может быть очень интересно.*

*у вас будет финансовая стабильность в семье. Более того, если вы будете экономить и планировать, то ваши средства будут способствовать семейному счастью. У Вас появится возможность завести новых друзей, а после марта 2024 года в Вашей семье произойдет пополнение в результате рождения ребенка или заключения брака.*

*Беспокойство о том, как вы питаетесь, нарушения сна из-за нагрузки — все это может вызывать у вас сильное беспокойство.*

### Здоровье Овна

*Сомневаться в своей мощной энергии было бы ошибкой, но это проблема, потому что вы считаете, что у вас нет границ, а такой образ мышления всегда приводит к злоупотреблению ею. Вы злоупотребляете своими физическими возможностями, как будто вы Геракл, а не простой смертный.*

*На самом деле и тело, и разум нуждаются в отдыхе и заботе для оптимального функционирования.*

*В вашей жизни возникнут важные проблемы со здоровьем, причем не только физическим, но и психическим. В 2024 году Вам следует позаботиться о своем здоровье, так как на Вашем пути будет много препятствий.*

*Это может быть не физическая травма или расстройство, но ваше психическое здоровье будет на пределе, и вам будет трудно справляться с происходящим в вашей жизни мысленно.*

*Вы столкнетесь с серьезными проблемами и будете расстроены настолько, что вам будет трудно их преодолеть.*

*Вам необходимо привнести в свою жизнь мир, не давать волю гневу и делать все возможное для снижения стресса.*

*Необходимо избегать токсичных людей, вызывающих у вас стресс, и вести здоровый образ жизни. Если у вас есть привычка курить и пить, вам необходимо бросить курить.*

*Занимайтесь йогой и упражнениями для душевного спокойствия. Чтобы снизить уровень стресса и избежать хронических проблем со здоровьем, необходимо постоянно выполнять эти упражнения в течение всего года.*

### *Важные даты*

- ***С 1 по 25 апреля Меркурий ретрограден в Овне**, а **8 апреля в Овне произойдет солнечное затмение**. Ретроградный Меркурий в Вашем знаке может стать разочаровывающим временем, когда мелкие неудобства возникают из ниоткуда, и Вы* можете быть постоянно раздражены. В целом Вам следует быть более терпеливым и стараться подготовиться к тому, что произойдет, убрав с дороги мелкие камешки, чтобы они не казались проблемой.

- **17 октября в Овне произойдет полнолуние,** и это может быть эмоционально насыщенное время, но в то же время и время результатов. Вы будете лучше ориентироваться в своих эмоциях и охотнее их проявлять.

- **Марс, ваша правящая** планета, **становится ретроградным 6 декабря и завершает год ретроградным.**

Это оказывает дополнительное влияние на Вас, поскольку Марс является Вашей управляющей планетой, а когда Марс ретрограден, Вы можете чувствовать себя вялым. Вы должны быть добры к себе и не позволять разочарованиям доводить Вас до отчаяния. Проявите гибкость в реализации своих планов. Эта тенденция сохранится и в новом году, поскольку Марс будет ретроградным до 23 февраля 2025 года.

### *Телец*

*В Тельца легко влюбиться. Этот знак - чистая поэма и страсть. Управляемый Венерой, планетой любви, Телец наслаждается хорошей жизнью и, в сущности, никогда не согласится на меньшее, чем заслуживает, за что и получил звание самого упрямого знака Зодиака.*

*Тельцы, управляемые Венерой, любят романтику, умеют очаровывать и любят, чтобы их очаровывали, поэтому, естественно, умеют соблазнять. Тельцы полны энтузиазма, серьезно относятся к своим обязанностям и хотят иметь партнера на всю жизнь, поскольку очень традиционны.*

*Ничто так не возбуждает Тельца, как чувство защищенности. Тельцов любят за то, что они стабильные, приземленные и честные женихи. Особенно важно помнить о том, что перед тем, как хранить верность, Тельца нужно кормить и поливать так, как будто завтра не наступит. Так как он тесно связан с Венерой, его форма соблазнения вращается вокруг эротики, поэтому, если вы готовы заставить его влюбиться, приготовьтесь к всеохватывающему путешествию через эхо и ароматы.*

*Поскольку Телец так тесно связан с материальным миром, ему нравится выражать свое восхищение через подарки, и он никогда не решится подарить Вам дешевую вещь. Телец выразит свое восхищение подарком, от которого захватывает дух. Это не совсем альтруизм: он ожидает чего-то взамен.*

*Тельцу необходимо знать, что он Вам небезразличен и что эти отношения взаимны. Поэтому каждый раз, когда Телец выражает симпатию или антипатию, он ожидает, что Вы это запомните. Будьте внимательны к высказываниям партнера-Тельца, даже делайте заметки.*

*Если он намекнет, что любит тыквенный фланг, значит, он будет ждать, когда Вы его угостите. Хотя Тельцы наделены чувственностью, особенно важно не переборщить. На самом деле этот земной экземпляр будет очень настороженно относиться к грубым людям, поэтому не спешите завоевывать ее доверие.*

*Тельцы, когда речь идет о любви, не торопятся, поэтому воспользуйтесь возможностью спокойно двигаться вперед, позволяя отношениям развиваться естественным образом.*

Он не спешит открываться, потому что получает удовольствие от самого процесса, и для этой венерианской пары влюбленность - невероятно волшебное, стоящее переживание. Тельцы ценят надежность и тяготеют к партнерам, разделяющим их взгляды на финансы, карьеру и семью.

Поскольку все это для них так важно, то их намерения легко определить с самого начала. Так, если на третьем свидании Телец спросит Вас о Ваших доходах, карьерных устремлениях или доме Вашей мечты, Вы можете быть уверены, что он заинтересован в серьезном продвижении вперед.

Для влюбленных Тельцов секс имеет особое значение. Соответственно, не так важен сам акт, как его подготовка.

Прелюдия — это то, что возбуждает его больше всего, и, как и во всем, что связано с этим ребенком Венеры, она должна быть полным сенсорным опытом. Не забывайте об этом: Тельцы любят традиции, и эти проверенные временем жесты обожания будут восприняты с радостью и создадут настроение для чрезвычайно восторженных ночей.

Эрогенная зона Тельца - шея, поэтому поцелуи в эту область приводят его в бешенство. Хотя Тельцу нравится быть с партнером, ему *также необходимо много времени наедине с собой, чтобы побаловать себя, он серьезно относится к ритуалам ухода за собой и, особенно если его пространство находится под угрозой, может стать весьма собственником своего окружения.*

*Никогда не трогайте священные для Тельца предметы. Для него взять что-то без разрешения — это объявление войны.*

*Поскольку этот знак придает большое значение любому имуществу и заботится обо всем, что ему принадлежит, а это может быстро перерасти в легкую склонность к накопительству, ни в коем случае не выбрасывайте то, что принадлежит Тельцу. Это не стоит риска навлечь на себя его гнев. Да и с их роскошными вкусами практически ничего не стоит выбросить.*

*Для Тельца качество превыше количества. Другими словами, Вашему партнеру-Тельцу будет все равно, сколько у Вас кошельков, если они роскошные. Когда речь идет о долгосрочных отношениях с Тельцом, деньги имеют значение. Конечно, это не означает, что его привлекают исключительно миллиардеры.*

*На самом деле, объект не так уж и важен. Важно то, как ваш партнер зарабатывает и сохраняет свои доходы.*

*Не забывайте всегда отмечать заслуженные успехи партнера-Тельца.*

*Этот знак кажется немного сложным, но как только вы начнете приспосабливаться к такому образу жизни, вы тоже поймете, что все это оправдано.*

*Тельцы любят еду, путь к сердцу Тельца лежит через желудок, поэтому самые чувственные отношения всегда будут включать в себя изысканные блюда.*

## Общий гороскоп для Тельца

*Уран будет находиться в Вашем знаке весь год, а с 2024 года соединится с Юпитером. Сочетание Урана и Юпитера благоприятно для развития проектов и использования возможностей, которые принесут вам много пользы.*

*В начале года в Вашем знаке будет много позитивных энергий, что позволит Вам почувствовать себя обновленным. Однако этот энтузиазм может сделать Вас нетерпеливым.*

*Вы будете стремиться к успеху, но могут быть месяцы, когда вы будете чувствовать себя беспокойно и напряженно.*

*Внешние раздражители могут прервать ваш рабочий процесс. Иногда Вы будете чувствовать себя немотивированно и терять интерес к работе. Вы также можете запутаться, какой путь выбрать.*

*В 2024 году Вы можете столкнуться с ситуациями, когда Ваши эмоции и чувствительная натура будут мешать Вам обрабатывать информацию, что затуманит Ваши мыслительные процессы и повлияет на Ваши рассуждения.*

Вы должны быть невероятно внимательны к людям, с которыми общаетесь в повседневной жизни. Старайтесь быть добрыми к ним, но не допускайте, чтобы рядом с вами находились токсичные люди.

Если Вы хотите начать новый бизнес в этом году, то лучше всего сделать это до апреля. В первой половине года Вы также сможете в полной мере воспользоваться преимуществами внешних связей.

После 1 мая Юпитер войдет в Ваш знак Зодиака и усилит Вашу способность принимать решения, что даст Вам желаемые результаты в бизнесе и порадует Вас успехами в делах. В этом году Вы также можете привлечь к бизнесу своего партнера.

В этом году Вы можете пережить несколько хаотичных моментов, не смиряйтесь с поражением, не теряйте уверенности и мужества. В некоторые моменты Вы можете почувствовать себя потерянным и даже отверженным, сделайте шаг назад, проанализируйте, что не так, и двигайтесь дальше.

*Если у вас есть партнер, вы будете чувствовать себя счастливым в ваших отношениях. Однако могут возникнуть некоторые сомнения или инциденты из прошлого, которые могут помешать вашему счастью.*

*Если вы ищете партнера, то должны помнить о своем прошлом опыте, который преподнес вам важные уроки. Они помогут вам выбрать правильный путь.*

*В своих отношениях вы должны воспитывать терпение и терпимость, только так вы сможете испытать настоящую любовь. Различия могут отойти на второй план, если вы терпеливы в любви.*

*Иногда, в течение нескольких месяцев года, в ваших отношениях могут возникать моменты неопределенности, но эти ситуации будут улучшаться сами по себе.*

*Если вы ищете любовь, то май принесет вам хорошие новости. Влияние Юпитера может способствовать предложениям. Вы можете встретиться и перевести отношения в долгосрочные обязательства, например, в брак.*

*Следует быть терпеливым к партнеру при принятии решений, касающихся его личной жизни, и избегать вмешательства третьих лиц.*

Этот год также отмечен этапами, когда будет наблюдаться отсутствие сексуальной близости, агрессивные реакции, что означает сложности в отношениях.

Это может означать, что вы на подсознательном уровне работаете над старыми проблемами и блоками, пытаетесь укрепить свои эмоциональные связи, чтобы чувствовать себя более комфортно в отношениях.

В периоды Полнолуния прочные любовные отношения могут укрепляться, а ненадежные - разрушаться.

В периоды ретроградного Меркурия возможно обострение существующих любовных проблем.

## Экономика

В этом году Вы будете сосредоточены на своей профессиональной стабильности и росте. Сатурн в Водолее подтолкнет Вас к дисциплинированному и стратегическому подходу к своей профессиональной деятельности.

2024 год благоприятен для постановки долгосрочных целей, оттачивания мастерства и построения прочной структуры своего будущего, так как Юпитер будет проходить по вашему знаку до конца мая 2024 года.

*Транзит Юпитера по вашему знаку предоставит вам много возможностей в профессиональной сфере. Этот транзит побудит Вас выйти из зоны комфорта и открыть для себя новые горизонты.*

*В течение большей части 2024 года Плутон будет проходить транзитом через Вашу карьерную зону, что заставит Вас стремиться взять себя в руки и расширить свои возможности. В профессиональном плане Вас могут воспринимать как силу, а это означает, что Вы сможете добиться успеха благодаря своей силе воли. Вы также можете взять на себя больше обязанностей, но, надеюсь, сможете их выполнить.*

*Вы проживете прекрасный год в своей профессиональной деятельности. Вас ждут благословения, и Вселенная распахнет перед Вами свои объятия. Вы получите новые знания и рассмотрите различные варианты заработка.*

*Ваша экономика будет улучшаться, но при этом существует вероятность того, что ваши расходы будут расти. Если вы не научитесь контролировать ненужные расходы, ваша экономика может пострадать.*

*В этом году ваши источники дохода увеличатся, и общее финансовое состояние будет крепким с начала года по май.*

*Вы получите большую отдачу от инвестиций, а ваши усилия на работе будут эффективны для укрепления вашего финансового положения. Вы освоите цифровые средства массовой информации для продолжения своего бизнеса.*

*У Вас будет возможность заняться партнерством с другими людьми, но Вы должны быть невероятно осторожны в этом решении. Не принимайте поспешных решений, так как Вас могут обмануть, партнерство может распасться, а дело провалиться.*

## Здоровье Тельца

*Вы должны внимательно относиться к тому, что вы едите. Очень важно придерживаться плана питания, рекомендованного специалистом. Не следует принимать лекарства без консультации врача.*

*Необходимо регулярно заниматься спортом, избегать курения и чрезмерного употребления алкоголя.*

*Вы должны бережно относиться к своим зубам. Те неприятные ощущения, которые Вы испытываете, не являются естественными, и лучше позаботиться о них, посетив стоматолога, чтобы сохранить свою улыбку сияющей.*

*Ваше психическое здоровье требует внимания. Вы можете быть физически сильным, но ваше эмоциональное и психическое здоровье также важно.*

*Женщины-Тельцы могут столкнуться с гормональными проблемами.*

*Вирусные заболевания могут проявляться вновь, осложняя вашу жизнь, поэтому при необходимости немедленно обратитесь за медицинской помощью.*

*Хорошее расслабление можно получить, если заниматься йогой и медитацией.*


## Семья

*Ваша семейная жизнь в этом году будет складываться прекрасно. Все нерешенные конфликты будут разрешены, и в Ваш дом вернется атмосфера мира и счастья.*

*Между членами вашей семьи сохранится любовь, будет существовать солидарность.*

*После первого квартала года вероятен переезд. Вам следует позаботиться о здоровье своих родителей и уважать их, если они еще живы. С их благословения Вы будете продвигаться по жизни.*

*Одиночки могут обручиться, а семейные пары в течение этого года укрепят свои узы. В последние три месяца года из-за вашей самоуверенности недоброжелатели будут пытаться навредить вам и помешать семейному счастью, поэтому в это время следует быть внимательным.*

## *Важные даты*

- **27 января Уран** *завершает свое ретроградное движение в Тельце, Уран предложит необычные способы поиска смысла и значения вашей жизни.*

- **19 апреля Солнце переходит в знак Тельца.** *Настало время сбавить обороты, уплотнить свой график и подумать о том, на что вы действительно хотите потратить свое время.*

- **29 апреля Венера переходит в знак Тельца.** *Роскошь — это хорошо, но на данном этапе главное — это удовольствие. Попробуйте побаловать себя и потакать своим прихотям. Есть много прекрасных вещей, которые можно получить бесплатно. Этот* *транзит Венеры принесет Вам успех в юридических делах.*

- ***7 мая, Новолуние в Тельце,*** *это прекрасное время для нового начала, поиска новых возможностей и начала иного пути. Юпитер благоприятствует любому новому делу.*

- ***15 мая Меркурий переходит в знак Тельца.*** *Вы сможете общаться в более практичной манере, у вас появится способность к концентрации.*

- ***Марс в вашем знаке с 9 июня по 20 июля.*** *Когда Марс проходит по Вашему знаку, это время большой энергии и энтузиазма. Вы должны использовать новые возможности и действовать быстро. Марс проходит по знаку только раз в два года, поэтому используйте эту возможность по максимуму. Пришло время начать новую главу в своей жизни.*

- ***Полнолуние в вашем знаке 14 ноября.*** *Эта Луна может принести завершение отношений или успех какой-то бизнес-идеи.*

*Вы будете получать вознаграждения и чувствовать эмоциональную заинтересованность в том, что вы делаете.*

# **Близнецы**

*Близнецы - воздушный знак, который без проблем уживается с друзьями, на вечеринках и ночных тусовках. Близнецами управляет Меркурий, планета общения, поэтому вы всегда сможете найти интересные темы для разговора.*

*Близнецы - прекрасные анекдотчики, а их динамичная энергия и магнетизм привлекают романтических партнеров. Ревнивцам следует знать, что Близнецы никогда не бывают одиноки, так как у них всегда есть поклонники и последователи.*

*Поскольку Близнецы выражают свои эмоции вовне, они любят общаться. Для меркурианского близнеца это самовыражение имеет первостепенное значение, поэтому ему необходимо, чтобы все линии связи были открыты, и он был готов получать информацию.*

*Ему неважно, как будут переданы его мысли, важнее то, что он говорит. Ничто так не презирает Близнецов, как отдых; он всегда занят. Он всегда в движении, у него множество развлечений, склонностей и социальных обязательств.*

*Представители этого воздушного знака могут жаловаться на то, что они перегружены работой, но если проанализировать их распорядок дня, то все их поручения являются необязательными, что говорит о том, что график Близнецов — это не более чем результат их уникальной двойственности.*

*Близнецы любят делиться своими мыслями и идеями, но они не очень хорошие слушатели и легко отвлекаются, поэтому очень важно, чтобы партнер Близнецов был внимателен к вам.*

*Если вы случайно видите, что он уходит от разговора, не стесняйтесь сказать ему об этом и напомнить, что общение происходит между двумя. Удержать интерес Близнеца нелегко, по сути, он не умеет оставаться сосредоточенным.*

*Этот знак видел практически все, и лучший способ удержать его взгляд — это держать его в напряжении. Вносите необходимые изменения и не забывайте никогда не поступаться своими ценностями и потребностями.*

*Узнав Близнецов поближе, вы с удовольствием откроете для себя их многогранность. Техника соблазнения, которая работает с Близнецами, — это разговор, и, будучи самым многогранным знаком, они с удовольствием расскажут вам о своих увлечениях и интересах.*

*Поскольку этот знак очень любопытен, общение с ним похоже на смотрение в зеркало, так как он обладает удивительной способностью отражать все, что вы ему говорите. Это может показаться странным, но такова природа этого знака.*

*Знакомство с Близнецами — это стимулирующий опыт, однако следует быть осторожным, поскольку Близнецы требуют постоянной стимуляции, что иногда затрудняет их глубокое эмоциональное знакомство.*

*Убедитесь, что у вас есть возможность посидеть и поболтать с партнером Близнецов, не отвлекаясь на посторонние дела, и не бойтесь напомнить ему, что приятные приемы — это никогда не потерянное время.*

*Близнецы любят секс, для них это еще одна форма общения. Близнецы обладают сильным сексуальным аппетитом, и чтобы возбудить его, достаточно пары проникновенных комментариев.*

*Когда дело доходит до грязных разговоров, Близнецы пишут энциклопедию, поэтому вы можете возбудить его, объяснив, что именно вам нравится делать в постели. Таким образом, он будет одновременно чувствовать и анализировать - сочетание, которое вызывает у него оргазм.*

Одной из особенностей Близнецов является быстрота, с которой он может оправиться от самых губительных ошибок. В отличие от других знаков, им не управляет эго. Ему нравится веселиться, поэтому он не позволяет своему эго мешать ему, и, совершив ошибку, он никогда не защищается. Если Близнецам нужно принести извинения, он сделает это немедленно.

Хотя это качество вызывает огромное уважение, оно не совсем великодушно. Близнецы ожидают, что вы примете их извинения с такой же поспешностью. Близнецы наиболее счастливы, когда они заняты; как только их график становится слишком расслабленным, они находят способ все изменить.

Не то чтобы он этого боялся, просто он не любит скучать.

Все это может стать проблемой для пар Близнецов. Стабильные отношения требуют много заботы, а Близнецам это нелегко дается, поэтому, находясь в партнерских отношениях, вы должны быть уверены в том, что приоритет отдаете отношениям.

Поскольку представители этого воздушного знака готовы попробовать все хотя бы раз, а иногда и дважды, им нравится исследовать различные аспекты своей личности через романтические отношения.

Хотя Близнецы и не подают виду, они ищут спокойного партнера, который уравновесил бы их интимное или семейное пространство, поскольку для модификаций у него и так достаточно своего. Этот воздушный знак постоянно ищет того, с кем он мог бы поддерживать хорошие отношения, и по этой причине он постоянно странствует.

## Общий гороскоп для Близнецов

*Этот год будет удачным для Близнецов. Юпитер, планета удачи и возможностей, переходит в ваш знак 25 мая, а такое случается только раз в 12 лет.*

*Во время этого транзита Юпитера в Вашу жизнь ворвутся новые возможности, и Вы почувствуете себя более оптимистично. Это новое начало, новый путь, новое путешествие.*

*2024 год принесет Вам прекрасную удачу, Вы вдохновитесь на новые свершения или осуществите то, что давно собирались сделать.*

*Удача и Ваши усилия позволят утвердить Ваше имя в профессиональной сфере, создать новую личность в бизнесе. Кроме того, Вы сможете завершить старое дело или проект, который застопорился в течение последнего года.*

*Вы заработаете много денег, но, чтобы их получить, необходимо избегать поспешных решений и желания построить империю в одночасье.*

*Если вы работаете по найму, то будете трудиться больше, чем в прошлом году, но это даст вам новые возможности и даже предложения в новых компаниях. В целом Юпитер позаботится о том, чтобы вы получили лучшие возможности.*

*После июля вам следует сосредоточиться, так как ретроградный Сатурн может создать для вас несколько сложных и напряженных ситуаций. В этот период необходимо действовать осторожно и тщательно планировать, чтобы избежать ошибок.*

*В течение 2024 года Вы будете счастливы и довольны своим партнером большую часть времени. После второй половины года в Ваших отношениях будут возникать конфликты и недоразумения, а также это будет период, когда перспективы брака не будут реализовываться.*

*Отдавайте предпочтение своему партнеру, вы должны приложить все усилия.*

*Если Вы одиноки, то обязательно встретите кого-нибудь, благо после мая возможности для этого возрастают. Возможно, Вы встретите своего будущего партнера во время путешествия, со временем между Вами возникнет связь, которая перерастет в глубокую дружбу, а в итоге превратится в сентиментальные отношения.*

*Два затмения произойдут в вашей любовной сфере: Лунное затмение 25 марта и Солнечное затмение 2 октября. Лунное затмение заставит вас почувствовать себя ближе к любимым людям, с которыми у вас здоровая связь, и отдалиться от тех, кто токсичен. Это идеальное время для работы над нерешенными любовными вопросами.*

*Солнечное затмение может принести в вашу жизнь новую любовь. Если вы одиноки, то у вас появится мотивация выйти в свет и привлечь к себе внимание, а если вы состоите в отношениях, то в них добавятся искры страсти.*

*В 2024 году ваше финансовое положение улучшится, и вы получите новые источники дохода. Вы можете получить дополнительный доход от комиссионных, фондового рынка, банковских процентов или, кто знает, от лотереи.*

*Если вы мечтали о покупке дома или нового автомобиля, то в этом году она осуществится, а если вам нужен кредит, то вы легко его получите. Если Вы много работаете в профессиональном плане, то Ваш банковский счет будет увеличиваться.*

*Вы можете переехать или отремонтировать дом, и эти перемены могут привести к неудачам в семье. Нужно запастись терпением, чтобы преодолеть эти проблемы и вернуть счастье в семейную жизнь.*

*В течение всего года Вы будете сохранять хорошее здоровье, но в середине года могут возникнуть небольшие проблемы, связанные с подавленностью и усталостью из-за стресса. Это может проявиться в виде проблем с пищеварением из-за отсутствия аппетита и беспокойства, вызванного неудачами.*

### *Любовь*

*Этот год может принести эмоциональные трудности, поэтому следует помнить, что испытывать различные эмоции и время от времени испытывать перепады настроения — это нормально. Чтобы справиться с эмоциями, важно найти здоровые способы их преодоления, например, поговорить с надежным другом или членом семьи, применить техники релаксации, такие как медитация, или при необходимости обратиться за помощью к психотерапевту. Вы должны заботиться о себе и при необходимости обращаться за поддержкой.*

*Этот год отлично подходит для тех Близнецов, которые стремятся завязать отношения. Если вы задумывались о помолвке, то этот год как нельзя лучше подходит для этого. В этом году Вы добьетесь успехов в своей личной жизни.*

Хотя в течение этого года Вы будете очень романтичны и мечтательны, и склонны идеализировать любимого человека, Вам следует быть осторожными, так как Ваши фантазии могут не полностью соответствовать реальности, что приведет Вас к разочарованиям в будущем.

Старайтесь быть последовательными, реалистичными и принимать другого человека таким, какой он есть. Любовь в этот год будет носить, как правило, платонический характер.

В любом случае, этот год будет очень благоприятным для сосуществования и для всех видов объединения.

## *Экономика*

*Этот год будет благоприятным для Вас в экономической сфере. Вы достигнете своей цели - смените работу, и это новое начинание принесет вам много возможностей.*

*Ваша смелость вызовет восхищение окружающих, но важно разумно подходить к выбору битвы, так как отстаивание своих убеждений иногда может иметь негативные последствия.*

*Планеты дадут вам зеленый свет в денежных вопросах. Меркурий, ваша правящая планета, окажет вам полную поддержку и позаботится о том, чтобы ваши банковские счета были полны денег.*

*В мае Юпитер транзитом переходит в ваш знак, что благоприятно скажется на ваших финансах и карьере, а также на отношениях.*

*Ваши финансовые ресурсы будут расти, и это будет хороший год для долгосрочных инвестиций.*

*Конечно, все это не придет к вам без усилий, придется работать, быть дисциплинированным и продолжать стараться в течение года.*

*Юпитер будет благоприятствовать установлению новых связей с важными людьми и укреплению ваших социальных связей.*

## *Семья*

*Вы будете более эмоционально привязаны к тем, кого считаете семьей. Вы хотите, чтобы Ваш дом был убежищем, безопасным пространством, и будете стремиться к устранению проблем здоровым способом.*

*В период ретроградного Меркурия в вашем доме может сломаться бытовая техника или возникнуть проблемы с водой. Это может не только раздражать, но и приводить к семейным ссорам, в которых виноваты будете Вы. Наберитесь терпения, так как эти приборы будут нуждаться в плановом обслуживании.*

*В этом году многие из близких родственников будут часто обращаться к Вам за советом, что позволит Вам почувствовать себя незаменимым.*

*В вашем семейном кругу произойдут некоторые сентиментальные изменения. Ваши дети, братья и сестры познакомят Вас со своими новыми партнерами, и это придаст новую динамику Вашей семье. Это будут благоприятные перемены.*

*Вы снова начнете общаться с людьми, от которых отдалились, дадите им второй шанс и поймете, что не все так, как кажется.*

## *Здоровье Близнецов*

*Вы должны сознательно уделять первостепенное внимание своему физическому здоровью, помня о том, что хорошее самочувствие — это ключевой компонент успеха во всех сферах жизни. Необходимо планировать снижение лишнего веса и регулярно заниматься физическими упражнениями, особенно на свежем воздухе.*

*Большое значение имеет способ питания, поэтому следует обратить внимание на свой рацион, увеличив потребление белков и ограничив углеводы, чтобы избежать увеличения веса и проблем с пищеварением.*

*Некоторые Близнецы будут чувствовать усталость, так как их иммунная система будет слабой. У Вас будут периоды пониженного энергетического уровня, но ситуация улучшится, и Вы вновь обретете бодрость.*

*Если у вас есть какие-либо хронические заболевания, например диабет или артериальное давление, вам следует быть внимательными в течение всего года. Не забывайте, что здоровье начинается с дома. Поощряйте себя за то, чтобы исключить из рациона нездоровую пищу и старайтесь запасаться экологически чистыми продуктами. Это приятное время для того, чтобы начать готовить еду дома, а не покупать обработанные продукты. Если вы начнете питаться таким образом, то будете чувствовать себя все лучше и лучше.*

*Важные даты*

- **20 мая - Солнце входит в знак Близнецов.**

- **23 мая - Венера входит в знак Близнецов.**

- **25 мая планета Юпитер входит в ваш знак.** *Начинается период активных действий, новых перспектив, целей, которые могут быть реализованы.*

- **03 июня - Меркурий входит в знак Близнецов.**

- **6 июня Новолуние в вашем знаке.** *Перед Вами открываются новые возможности, не забудьте использовать их по максимуму.*

- **20 июля планета Марс транзитом переходит в ваш знак до 4 сентября.** *Марс в Вашем знаке наполнит Вас энергией и энтузиазмом, благодаря чему Вы сможете реализовать все свои цели и задачи. Это прекрасное время для новых начинаний.*

- ***15 декабря Полнолуние в вашем знаке.***
  *Именно в это время вы получите результаты всего, что делали до сих пор.*

# *Рак*

*Рак - водный знак, символизируемый крабом, который ходит между морем и его берегом, что также отражается в его способности к слиянию эмоционального и физического состояний.*

*Интуиция Рака, идущая от его эмоциональной стороны, проявляется в ощутимой форме, а поскольку безопасность и честность для этого знака имеют первостепенное значение, поначалу он может быть несколько холодным и отстраненным.*

*Рак мало-помалу раскрывает свой нежный дух, искреннее сострадание и экстрасенсорные способности. Если вам повезет, и вы заслужите их доверие, то обнаружите, что, несмотря на свою первоначальную застенчивость, они любят делиться.*

*Для этого любителя партнер - поистине величайший дар, и он вознаграждает отношения нерушимой преданностью, ответственностью и эмоциональной поддержкой. Он склонен к домашнему уюту, а его дом — это личный храм, территория, где он может выразить свою индивидуальность.*

*Обладая способностями к домашнему хозяйству, краб также является прекрасным хозяином. Не удивляйтесь, если ваш партнер-Рак будет льстить вам домашней едой, потому что нет ничего, что он любит больше, чем натуральную пищу.*

*Рак также чрезмерно заботится о своих друзьях и близких и любит брать на себя роль опекуна, что позволяет ему создавать восторженные связи со своими ближайшими товарищами.*

*Но никогда не забывайте, что, когда Рак вкладывает в кого-то эмоциональные силы, он рискует стереть грань между заботой и контролем.*

*Раку, как и Луне, свойственна переменчивость и склонность к нестабильности. Рак - самый угрюмый знак Зодиака. Их партнеры должны научиться ценить их эмоциональные вариации, и, конечно, Рак должен контролировать свою сентиментальность.*

*У его оборонительных привычек есть и другая сторона, и когда он чувствует, что его провоцируют, то без колебаний переходит в оборону. Раку следует помнить, что случайные ошибки и ссоры не делают партнера вашим* врагом. Кроме того, следует энергично стремиться к присутствию в отношениях.

Как эмоциональному и интроспективному знаку, Вам легко уйти в себя, и если Вы не будете сохранять присутствие в отношениях, то в следующий раз, когда Вы выйдете из своей раковины, Ваш партнер может уже не быть рядом с Вами.

Рак - хороший слушатель, а когда он выходит из своего панциря, то становится эмоциональной губкой. Ваш партнер-Рак будет впитывать ваши эмоции, что иногда может поддержать его, но иногда может и задушить.

Нелегко определить, подражает ли Рак вам или действительно сопереживает, но, поскольку он настолько взаимосвязан со своим партнером, это не имеет значения.

Если эмоциональная поддержка Рака мешает Вам, лучше от нее отказаться. Этому чувствительному знаку легко возразить даже на самое тонкое мнение, и, хотя он избегает прямых конфликтов, ходя под углом, он также может использовать свои моляры.

Такое характерное для него легкомысленное и провокационное поведение вполне ожидаемо, и редко кто встречается с Раком, не испытав на себе хотя бы раз его характерный скверный нрав.

*Из-за чувствительности Рака спорить с ним нелегко, но со временем вы узнаете, какие слова следует говорить, а главное, чего следует избегать. Будьте в курсе того, что беспокоит вашего партнера, и со временем вам будет легче вести сложные диалоги.*

*Важно знать, как действует это волшебное существо в свои лучшие и худшие моменты. Самое главное - помнить, что Рак никогда не бывает таким равнодушным, как кажется.*

*Самое сложное в отношениях с Раком - пробиться сквозь его твердую и жесткую поверхность. Поэтому при флирте с Раком главное - терпимость. Придерживайтесь медленного и уверенного темпа, и со временем вы обретете уверенность в себе, чтобы раскрыть свое истинное "я".*

*Конечно, это может быть долгий и сложный процесс, и малейшая ошибка может поставить рака в оборонительное положение, так что два шага вперед могут превратиться в один шаг назад. Не расстраивайтесь, в этом нет ничего личного, это просто физиология рака.*

*Рак может заниматься случайным сексом, но этот сладкий водный знак предпочитает отношения, в которых присутствует эмоциональная близость.*

Помните, что Рак должен чувствовать себя полностью комфортно, прежде чем вылезти из своего панциря, и это особенно важно, когда речь идет о сексуальности. Для Рака доверие подпитывается физической близостью.

Вы можете начать культивировать сексуальные отношения с Раком, постепенно интегрируясь в них, учитывая их ритм и ласки. Это позволит Раку более спокойно относиться к слиянию эмоциональных и физических проявлений, убедиться в том, что он чувствует себя защищенным перед началом занятий любовью.

Хотя Рак терпелив и склонен быть чрезвычайно верным, поскольку ему необходимо чувствовать себя защищенным и понятым своим партнером, он может искать близости с другим человеком, если чувствует, что эти требования не удовлетворяются.

Рак может быть очень озорным, поэтому любые тайные отношения будут просчитаны, а бродячий краб заставит унести свою шалость в могилу, он примет дополнительные меры, чтобы встреча не была обнаружена, закопав улики на морском берегу.

На самом деле, даже у самого верного краба могут быть секреты, но это не значит, что они плохие или злые.

Каждый человек заслуживает того, чтобы хранить некоторые вещи в тайне, к тому же небольшая загадка придаст отношениям дополнительный штрих.

Раку нелегко установить серьезные и преданные отношения, а когда он почувствует себя в безопасности, то не захочет их разрыва.

Рак склонен сохранять отношения даже после того, как искра угасла, потому что Рак в душе сентиментален. Но, конечно, не всем отношениям суждено длиться вечно.

Этот водный знак не претендует на злопамятность, но, когда его сердце разбито, он знает, как установить границы.

Удаление номера телефона, блокировка и отказ от общения в социальных сетях позволяют ему оградить себя от боли при расставании. Поэтому, если ваши отношения с Раком закончатся, ожидайте получения подробного списка правил.

Рак может быть идеалистом, и этот водный знак, несомненно, стремится к романтическим отношениям. Однако с каждым из знаков Зодиака он взаимодействует по-разному.

## *Общий гороскоп для Рака*

*Это потрясающий год для новых начинаний, новых предприятий и проектов. То, что вы начнете сейчас, станет фокусом на следующие 5 лет вашей жизни. Начните этот 2024 год с энергией, энтузиазмом и воодушевлением.*

*Это год мощной взаимосвязи между вашей личностью и профессиональной деятельностью, причем такое взаимодействие имеет огромное значение.*

*Вы хотите добиться известности и восхищения своей личной работой. В течение этого года успех приходит в той или иной степени, хотя из-за сильного честолюбия он может показаться Вам недостаточным.*

*В том кругу, в котором вы работаете, ваше присутствие будет очевидным, хотя другие будут требовать от вас ответственности.*

*В целом этот период сулит профессиональный успех, и Вы всегда найдете кредит доверия и защиту, необходимые для его достижения.*

*В центре внимания окажутся Ваши деловые или профессиональные вопросы. Отношения с людьми, занимающими руководящие должности, а также с родителями, вероятно, также будут играть* ключевую роль, хотя может возникнуть фундаментальная проблема, которую Вам придется решать.

Вам следует выработать в себе определенную осторожность в конфликтах в профессиональной или деловой сфере.

Однако это приятное время для того, чтобы сосредоточиться на своих целях и улучшить свой имидж в глазах окружающих.

Это год, когда Вы будете постоянно стремиться к новым впечатлениям, но за Вашим стремлением к действиям и переменам, скорее всего, скрывается боязнь установить прочные связи.

Вам будет трудно осознать женскую сторону своей натуры и принять на себя ответственность за чужое благополучие. В этом году Вы будете избегать обязательств, так как не хотите чувствовать себя эмоционально связанным.

Другие будут восхищаться Вашей предприимчивостью и ценить то, что Вы не пренебрегаете ответственностью, особенно если одно из Ваших рискованных действий не принесет результата.

*Это год, в котором вы станете бойцом, который не сдается легко, и, если нужно, будете идти своим путем в одиночку.*

*Ваша эмоциональная сторона будет более чувствительной, чем обычно, и Вы будете переполнены нежностью по отношению ко всем окружающим Вас людям. Особенно это касается Ваших детей (если они у Вас есть), которые будут пользоваться Вашей особой предрасположенностью прислушиваться к ним и быть более восприимчивыми к их нуждам, а также более любящими и понимающими.*

*Поскольку Вы больше, чем когда-либо, цените прекрасную сторону жизни, Вы можете использовать это расположение для творческого самовыражения, общественных мероприятий и деловой активности. Кроме того, вероятно, Вы начнете какие-то сентиментальные отношения или измените форму и чувства своих нынешних отношений.*

*Вы сможете чаще посещать привычные места развлечений.*

*Кроме того, кто-то из членов семьи может предоставить вам доход или финансовую помощь.*

*Что касается здоровья, то в это время вы будете очень подвержены простудным заболеваниям и раздражениям, поэтому не помешает следить за состоянием дыхательных путей и почек.*

*В период ретроградного Меркурия подумайте о том, каким вещам или людям Вы хотите дать второй шанс, а не начинать что-то новое. Если это что-то новое, то, возможно, придется действовать нетрадиционным способом.*

*Вы познакомитесь с духовно настроенными людьми, которые будут формировать вашу личность. Это подходящее время для Вашего духовного пробуждения.*

*Если у Вас нет партнера, помните, что возможности не повторяются. Если человек вам интересен, не задумываясь, подойдите к нему и скажите о своих чувствах. Этот маленький смелый поступок станет началом истории любви.*

### Любовь

*Это может стать сильной темой в 2024 году. Все хорошее, чего вы желаете в любви, может стать возможным после мая.*

*В вашей любовной жизни, да и в жизни в целом, происходит планетарная детоксикация. Это был не самый приятный опыт. Все любовные переживания, которые вы испытывали, носят детоксикационый характер.*

*В этом году вы сделаете шаг вперед в своей любовной жизни и придадите новые силы своим отношениям. В результате ваши отношения станут крепче, чем прежде, а взаимное доверие между вами возрастет.*

*В течение этого года Вы будете понимать чувства своего партнера и придавать значение его точке зрения. Не пытайтесь навязывать свои мысли, иначе в личной жизни может возникнуть напряжение.*

*Возможно, Вам придется столкнуться с ненужными сплетнями, поэтому следует быть очень осмотрительным в личной жизни.*

*Бывают моменты, когда хочется расстаться с партнером. Все это можно контролировать или избежать, если внимательно относиться к важным вещам в своей любовной жизни.*

*В первые три месяца года у одиноких людей будет много возможностей завязать романтические отношения. Во втором квартале будут иметь место мимолетные отношения.*

*Вы постепенно подходите к концу медленной трансформации. Вы должны продолжать делать медленные, но уверенные шаги вперед. Вы должны вести себя более серьезно в своих отношениях, но это не значит, что нужно отбросить веселье.*

Вы должны быть более привержены своим отношениям, поскольку практически ведете одинокую жизнь, но пользуетесь преимуществами существования вдвоем. Вам необходимо научиться принимать решения вместе с партнером.

Возможно, с марта вы почувствуете себя немного неуверенно, но это не исправить семейным отдыхом.

В периоды полнолуния вы будете более серьезно относиться к любви и стремиться к сближению с теми, с кем у вас есть сильная связь.

Вы проживете несколько месяцев в некоторой неопределенности. Вы начнете отношения, которые поначалу будут основаны только на сексе, но затем вы станете эмоционально увлечены и признаетесь, что влюбляетесь.

В течение этого года в центре Вашего внимания окажутся личные отношения. Вы нуждаетесь в контактах с людьми, и Вас будет волновать, какое впечатление они о Вас производят. Настало время проанализировать свое поведение по отношению к другим людям, особенно к партнеру, и подумать о корректировке и исправлении ситуации.

Возможно, Вы как никогда раньше осознаете, что для реализации своих целей Вам необходимо *сотрудничество с другими людьми и что лучший способ обрести смысл жизни, индивидуальность и силу — это партнерство и взаимоотношения.*

*Участие в совместной деятельности поднимает вопросы, которые позволят вам более четко определить, кто вы есть.*

*Ваша личность будет формироваться и укрепляться под влиянием трудностей и сложностей, с которыми вы столкнетесь при попытке создать жизненно важные и искренние союзы.*

### Экономика

*Этот год приносит много позитивной энергии для переговоров, над которыми вы работали, особенно в ситуациях, когда необходимо обсудить критические вопросы.*

*Есть вероятность, что у вас появится новая должность, которая позволит вам проявить свои таланты. Если у вас есть социальная сеть, не забывайте обновлять ее.*

*Не теряйте времени и планируйте. Если вы занимаетесь собственным бизнесом, то пришло время вырваться из рутины.*

*Если вы были без работы и ищете ее, то удача вам улыбнется, особенно если вы обладаете специальным опытом или навыками.*

*Вы можете заработать много денег на независимом бизнесе, который может принести вам пользу в будущем. Если вы являетесь индивидуальным предпринимателем, вы также увидите впечатляющие результаты.*

*В финансовом отношении в течение года Вы будете испытывать некоторые трудности, но они будут мягкими. У тех, кто хочет больше раскрыть свои таланты, появится такая возможность. Если у Вас нет необходимости в больших расходах, не делайте их, и занимать деньги тоже не стоит. Вам нужно начать больше экономить, так как это сложный год.*

*Искусство зарабатывать деньги заключается в использовании возможностей. Вы должны затормозить все эти бессмысленные и неупорядоченные желания и разработать лучшую стратегию зарабатывания денег. Если вы не определите свои цели, то не сможете добиться успеха.*

*В 2023 году Вы получили много уроков, касающихся финансов. В новом году, благодаря этим знаниям, когда Вам придется принимать решение, Вы отбросите импульсивность и прибегнете к терпению и терпимости. Все Ваши деловые операции принесут Вам прибыль.*

*Вы получите предложения, которые позволят вам выбрать между различными выгодными вариантами развития в вашей профессиональной области. Следует тщательно проанализировать все детали, чтобы окончательное решение принесло вам наибольшую выгоду.*

*Не позволяйте своим ошибкам накапливаться, не о сознаваясь, из-за излишней пассивности, если это произойдет, ситуация может стать критической.*

*Это год, когда нужно проснуться и начать действовать. Все решения, которые вам необходимо принять, находятся в пределах ваших возможностей.*

*Вы можете изменить свое будущее, если дадите волю своему воображению. Вам следует начать разрабатывать проекты, которые могут принести дополнительный доход, а также новый способ работы.*

*Периоды ретроградного Меркурия будут влиять на вашу профессиональную сферу. Это может означать, что, если Вам не нравится то, чем Вы занимаетесь, Вы измените свою профессиональную деятельность. Наиболее* сильно эта энергия будет ощущаться в период солнечного затмения 8 апреля в сфере карьеры.

### *Семья*

Это критическая для вас область. В целом она указывает на переезд в более просторное помещение или ремонт имеющегося.

Беременность не будет неожиданностью, особенно если вы пытались.

Ваше природное сострадание будет проявляться в действиях, направленных на тех членов вашего семейного круга, которые сбились с пути и нуждаются в помощи.

С позиции понимания Вы будете стараться выполнять свою семейную роль, но делать это без осуждения, с более открытой душой, и это заставит членов Вашей семьи прибегать к Вам и искать Вашего мнения для решения семейных проблем.

Ваша жизненная энергия и воля в середине года как бы вступает в противоречие с эмоциональной стороной, и у Вас может сложиться впечатление, что обстоятельства складываются против Вас, поскольку Вы ощущаете недостаток поддержки и привязанности со стороны окружающих Вас людей. Возможны даже *напряженные отношения с любимым членом семьи. Но не волнуйтесь, это быстро пройдет без существенных последствий. Вам поможет терпение и гибкость.*

## ***Онкологическое здоровье***

*Помните, что наиболее распространенной проблемой со здоровьем в начале года является стресс. Приходится иметь дело со всеми долгами, возникшими в связи с расходами в конце года, и это может оказаться непосильной задачей. Поэтому важно быть реалистами и терпеливыми.*

*Это идеальное время для того, чтобы заняться медитацией и улучшить качество сна, поскольку все это благотворно скажется на психическом здоровье.*

*Не забывайте о позитивном мышлении и оптимизме, так как положительные эмоции улучшают приток энергии.*

*В течение этого года вы можете страдать от аллергии. Не прекращайте вносить в свой рацион полезные изменения. Следует дополнить свое питание добавками или витаминами, укрепляющими иммунитет.*

*В целом, проблемы со здоровьем могут быть связаны с нервами, чрезмерными переживаниями и недостаточным отдыхом.*

*Возможно, вы почувствуете необходимость очистить свои привычки и стать более регламентированным и серьезным. Воспользуйтесь этим годом, чтобы заняться спортом, здоровым питанием и упражнениями йоги.*

## *Важные даты*

- ***06/17 Венера входит в знак Рака.*** *Во время этого транзита усиливается стремление к эмоциональной безопасности и стабильности. Вы можете проявлять любовь и привязанность в виде добрых поступков, искать утешения в безопасном окружении. Это время для укрепления связей в существующих отношениях и изучения совместного эмоционального опыта.*

- ***06/17 Меркурий входит в знак Рака.*** *Этот транзит указывает на неожиданные перемены на работе. От Вас потребуются* *практические шаги для личного прогресса, балансировка доходов и поддержание текучести в личных отношениях.*

*Колебания в профессиональной сфере будут иметь негативные последствия, так как из-за внезапной смены места работы Вы не сможете в полной мере использовать открывающиеся возможности.*

- ***06/20 Солнце входит в знак Рака.***

- ***07/5 Новолуние в Раке****. Новолуние традиционно является временем новых начинаний. То, что вы начинаете, может стать фокусом на ближайшие 6 месяцев вашей жизни.*

- ***С 09/ 4 по 11/3 Марс транзитом переходит в знак Рака****. Планета Марс в Вашем знаке приносит много энергии и импульса для новых начинаний и проектов. Это может помочь Вам вступить в новый проект, которым Вы будете заниматься в течение следующих двух лет своей жизни.*

## *Лео*

*Символизируемый львом, этот знак не позволит вам забыть его. Хотя характер у него веселый, ему присуща и свирепая грубость, сопровождающая его вой.*

*Все, что делает Лев, трагично, а когда он сердится, лучше не вмешиваться. Это фиксированный знак, очень твердый в своих идеях, постоянный в своих целях и упрямый в своих действиях.*

*Лев - старательный исполнитель, вкладывающий душу в любые отношения. Конечно, он может быть и невероятно несговорчивым, но упрямство — это всегда вспышка его честности.*

*Лев вдохновлен драматизмом, но при этом глубоко чувствителен. Лев, несомненно, самый эмоциональный из всех огненных знаков, и его легко ранить, поэтому вашему партнеру необходимо знать, как заботиться об этом нежном экземпляре.*

*Для Льва особенно важна преданность, поэтому, когда вы войдете в его сферу, он потребует от вас абсолютной любви.*

*Когда этот знак чувствует себя обиженным, лучше не давать ему советов, Лев ищет облегчения, а не напоминаний, и поэтому будет чувствовать себя преданным своим партнером, если вы начнете высказывать свое мнение по любой ситуации.*

*Лев доведет вас до края, потому что он любит, когда ему бросают вызов. С детства он знает, что является зодиакальным монархом, и даже у самого благоразумного льва будет царственная осанка.*

*Этот знак не устает получать аплодисменты. Пышные ужины, эксклюзивные вечеринки и дизайнерская одежда позволяют ему чувствовать себя любимым.*
*При поиске следует иметь в виду, что следовать рифме непросто. Иногда бывает трудно изготовить такой строгий знак. Но в итоге это того стоит.*

*Завоевав свое место в сердце Льва, вы не захотите уступать ему трон. Лев не возражает против того, чтобы у его партнера было эго, наоборот, Лев хочет, чтобы его партнер был тщеславным и очень уверенным в себе.*

*Лео не ищет эгоиста, но это бесстрашное существо должно быть уверено, что его партнерша умеет достойно носить корону.*

Лев ценит концепцию партнера как продолжение себя. Поскольку этот огненный знак известен своей смелостью во всем - от творческих начинаний до романов в голливудском стиле, - важно найти того, кто дословно знает, что он ищет.

Что касается сексуальности, то огненный Лев может блистать и в постели.

Наибольшее сексуальное возбуждение Льва - чувствовать себя желанным. Его околдовывает соблазн, а привязанность должна проявляться в показных свиданиях и грандиозных романтических проявлениях.

Представители этого знака срываются на желание быть желанным, особенно если это желание выливается в восторженную любовь.

Этот огненный лев постоянно влюбляется, он любит, чтобы его романы были такими же масштабными, как и его личность, и ничто не заставляет его реветь громче, чем неприкрытое обожание.

Ему необходимо быть в центре внимания, поэтому он может соблазниться на опасные романы.

*Льву нелегко удержаться от похвалы, поэтому он тяготеет к комплиментам.*

*Если драма заканчивается преждевременно и Лев оказывается брошенным, то это уже другая история. Вначале его реакция, как правило, шоковая, а после этой фазы он испытывает разрушительную тревогу, демонстрируя свои страдания.*

*Даже если дела пойдут всерьез, Лев - неуязвимое существо, которое найдет дорогу к свету, потому что Лев жизнерадостен и бесстрашен, отказываясь мириться с неудачей.*
*Лев всегда ищет партнера, который стимулирует его дух, потому что, в конце концов, он ненавидит скуку.*

## Общий гороскоп для Лев

2024 год приносит Львам энергию второго шанса, поэтому подумайте, что это может означать для вас.

Могут произойти огромные изменения в ваших взаимоотношениях, в том, как вы подходите к ним и управляете ими, в том, каких людей вы привлекаете, а также в том, чего вы хотите и что вам нужно в ваших личных отношениях.

Лунные затмения позволяют сосредоточиться на том, что необходимо изменить для улучшения отношений. Возможно, Вам придется разобраться с тем, от чего Вы долгое время убегали, и это может расстроить, но поможет Вам двигаться вперед.

Вы сможете почувствовать себя более амбициозным и стремиться к успеху. Вы достигнете того успеха, к которому шли долгие годы.

Вы будете испытывать радость от работы, которую выполняете, а если вам не хватает страсти к ней, то в этом году вы можете сосредоточиться на поисках новой работы.

Новолуние даст вам возможность поискать новую работу, если вы этого хотите, а также *начать новые проекты и сосредоточиться на том, что вам интересно делать.*

*Вам придется многое изменить, но делать это нужно с умом. Если Вы любите свое дело, то сможете добиться больших успехов и преуспеть. Могут появиться возможности, которые помогут Вам в инвестировании, и Вы найдете творческие пути, чтобы чувствовать себя более уверенно при вложении своих денег.*

*Вы должны беречь свое здоровье, не пытайтесь сделать все сразу. Решайте проблемы по мере их возникновения.*

*Время, когда вы столкнетесь с серьезными проблемами, — это начало года и летние месяцы.*

## *Любовь*

*Плутон находится в Вашей области любви уже более десяти лет, поэтому Вы стали более серьезно и напряженно относиться к любви и воспринимать ее гораздо серьезнее. То, что для Вас является и означает любовь, претерпело изменения, но теперь Вы чувствуете себя более согласованным с тем, что для Вас истинно. Вы знаете, чего действительно хотите и в чем нуждаетесь в отношениях, и если вы преданы, то готовы отдавать.*

*В период ретроградного Меркурия существующие проблемы в любовных отношениях будут нарастать, что может вызвать у Вас чувство разочарования и нетерпения по отношению к окружающим, но Вам необходимо работать над всеми этими проблемами и совершенствоваться.*

*Этот год может стать подходящим временем для того, чтобы разжечь пламя существующих отношений или воссоединиться со старой любовью, особенно с учетом новолуний, которые могут предоставить для этого благоприятные возможности. В любом случае вам следует стараться укреплять свои связи с другими людьми и оказывать им поддержку.*

*Сатурн и Нептун весь год будут находиться в Вашем секторе интимных отношений, поэтому* для Вас важна духовная связь с самыми близкими людьми. Вы станете более напористыми и реалистичными в отношении своих эмоциональных связей с другими людьми.

Вы можете сосредоточиться на старых проблемах и травмах, которые мешали этим связям, и извлечь уроки из прошлого, которые помогут вам создать лучшие связи в будущем.

Для некоторых Львов любовь может привести к браку. Если Вы одинокий Лев, будьте готовы найти свою настоящую любовь. Но будьте осторожны, не стоит доверять всем подряд, потому что некоторые люди могут попытаться воспользоваться вашей добротой.

Женатые Львы увидят счастье и рост в своих семьях. Чтобы ваш партнер был счастлив, сосредоточьтесь на его благополучии. В этом году Вы напишете невероятные воспоминания вместе со своим партнером. Ваша любовь будет крепнуть, достигая новых горизонтов.

Время от времени могут возникать недоразумения, поэтому в трудные моменты важно проявлять терпение. Не забывайте уважать решения партнера и не навязывайте ему свое мнение. Терпение поможет сохранить ваши отношения крепкими и счастливыми.

Некоторые Львы могут вновь встретиться с прошлой любовью, поэтому держите свое сердце открытым. Вы сможете прояснить старые недоразумения и насладиться любовью.

Вы будете дорожить каждым мгновением, а ваши семейные отношения будут укрепляться любовью и пониманием.

## Экономика

До 25 мая Уран соединяется с Юпитером в вашей денежной сфере. Это соединение благоприятно для внезапного прогресса и достижения успеха быстрым, неожиданным и нестандартным способом. Вы сможете по-новому подойти к реализации своих долгосрочных целей и планов, и это откроет перед Вами новые возможности.

2024 год будет характеризоваться сочетанием выгод и потерь. Упорный труд принесет Вам деньги, но семейные и другие проблемы станут причиной финансовой нестабильности. Постарайтесь откладывать деньги на случай возникновения сложных ситуаций. Разумные траты могут избавить Вас от головной боли.

В первой половине года у Вас будет сочетание хороших и трудных времен, так как Ваши расходы увеличатся, но Вы также будете зарабатывать больше денег. Если вы не будете контролировать свои расходы, то можете столкнуться с финансовыми проблемами.

В любом случае, благодаря Юпитеру, если вы настроитесь на это, вы сможете сэкономить деньги, так как ресурсы будут поступать к вам из разных источников, и вы сможете купить дом, если это то, о чем вы давно мечтали.

*Если у вас нет медицинской страховки, расходы на медицинское обслуживание могут нанести ущерб вашим финансам. Поэтому необходимо следить за своими расходами и разумно распоряжаться деньгами. Не забывайте принимать разумные финансовые решения.*

### Семья

*Вы будете сосредоточены на домашних и семейных делах. Вы будете работать над завершением домашних проектов, и это поможет Вам чувствовать себя более комфортно, стабильно и эмоционально защищенно.*

*В периоды Полнолуния могут всплыть семейные проблемы, которые важно рассмотреть и решить.*

*Обстановка в семье в целом в течение года будет очень спокойной и гармоничной. Все возникающие проблемы будут решаться мирным путем. Возможны проблемы со здоровьем у взрослых членов семьи, требующие медицинского вмешательства.*

*Профессиональные обязанности могут отрывать вас от семьи, но будут и праздники, и прибавление новых членов семьи.*

*Время от времени разрыв отношений с партнером может происходить из-за семейных разногласий. Будьте осторожны в общении с братьями и* сестрами, так как у них могут возникнуть юридические проблемы, связанные с наследством или завещанием. Не предпринимайте поспешных действий.

Если вы одиноки, то, возможно, сможете создать стабильные отношения, в целом же существует множество возможностей улучшить свои любовные отношения.


### Здоровье Льва

В этом году Вы будете обладать прекрасным здоровьем. Вы будете чувствовать себя энергичным, счастливым и сильным как телом, так и умом и душой. Очень важно быть психически сильным, и, к счастью, Вы начнете год с сильной психикой.

Ощущение здоровья поможет вам добиться успеха в работе.

Вы будете здоровы и свободны от болезней. Если у вас есть какие-либо хронические проблемы со здоровьем, то этот год может стать годом их преодоления.

Чтобы сохранить здоровье, попробуйте включить в свой распорядок дня медитацию и физические упражнения. Не забывайте, что спокойствие и отсутствие стресса — это ключ к сохранению здоровья.

*Для хорошего самочувствия важен отдых, необходимо пить много воды и находиться на солнце, чтобы получать витамин D.*

*Взрослые Лео могут испытывать боли в коленях или суставах, особенно в зимнее время года.*

*Измените свои пищевые привычки для улучшения здоровья. Будьте осторожны с несчастными случаями и травмами, особенно при вождении автомобиля или занятиях спортом.*

## *Важные даты*

**25 марта** *- Лунное затмение во Льве (полнолуние)*

*Это Затмение положит конец отношениям, которые причиняют вам боль. Вам следует попытаться установить ограничения для людей, которые перешли вам дорогу. Есть вероятность, что Вы прекратите токсичные отношения, и это будет для Вашего же блага.*

**2 июля** *- Меркурий входит в знак Льва.*

**11 июля** *- Венера входит в знак Льва. Этот транзит повлияет на Ваши романтические отношения и на то, как Вы относитесь к окружающим. Вы можете стать более* *драматичными и требовательными в отношениях, поэтому будьте осторожны.*


**22 июля -** *Солнце входит в знак Льва. Счастливого возвращения Солнца.*


**08/04/2024 Новолуние во Льве.** *В этот период Вы будете полны энтузиазма, возбуждены и готовы к действиям. Перед Вами могут открыться новые возможности. Вам следует проявлять инициативу, добиваться желаемого и воплощать задуманное в жизнь. Это Новолуние наступает за несколько дней до ретроградного Меркурия в Вашем знаке, поэтому Вы можете быть более сконцентрированы на втором шансе.*


 **С 8/14/2024 по 8/28/2024 Меркурий ретро градирует во Льве** *(после начала в Деве). Это может вызвать множество недоразумений, отсутствие сосредоточенности и ощущение, что пустяковые вещи постоянно всплывают и требуют вашего внимания. Вы можете быть рассеянным, тревожным и напряженным. Постарайтесь до начала ретроградного движения выработать несколько здоровых* *стратегий борьбы со стрессом, тогда Вы сможете справиться с ним, и он пройдет легко.*

**4 ноября -** *Марс входит в знак Льва. Марс в Вашем знаке традиционно является временем большой энергии и энтузиазма в отношении новых начинаний и бизнеса. Вы будете в восторге от открывающихся перед Вами возможностей. Воспользуйтесь этим раньше, так как с 6 декабря Марс будет ретроградным в Вашем знаке, а завершит год ретроградным во Льве. Это может усилить Ваше недовольство и раздражение, то есть то, что легко может Вас раздражать и заставлять взрываться. В результате могут произойти мелкие несчастные случаи.*


**18, 19 ноября -** *метеорный поток Леонид во Льве. Метеорные потоки символизируют переходные периоды. Это прекрасная возможность показать миру, каким Вы хотите его видеть. Вы можете запланировать путешествие или возобновить дружеские отношения с прошлым.*

## *Дева*

*Дева - земной знак, олицетворяемый богиней земледелия. Дева опытна, методична, обстоятельна, стремится к самосовершенствованию, что делает ее одним из лучших партнеров в Зодиаке. Дева - ученый, а вдохновляющие слова и идеи являются афродизиаками для этого земного знака.*

*Дева, как правило, любит читать, смотреть фильмы и слушать музыку. Как мотобольный знак, они также открыты, что часто проявляется в их изысканном вкусе.*

*Дева ценит искусство, относящееся ко многим категориям, и любит знакомиться с новыми авторами. В делах сердечных Дева полагается на логику и организованность, и этот капризный знак ищет партнера, который вписывался бы в его повседневную жизнь.*

*Дева использует базу данных для создания полного представления о своем партнере, все люди в его жизни и их привычки накапливаются в ментальной записи, с их привычками и антипатиями. Дева любит помогать своей поддержкой и практичностью, этот земной знак всегда настойчиво предлагает действенные решения конфликтов.*

Стремление Девы к совершенству может негативно сказаться на окружающих, и их анализ превращается из вдумчивого и тонкого в чрезмерно критический.

Чтобы сохранить здоровые отношения, Дева не должна осуждать и должна позволить своим близким пройтись по их местам.

Деве особенно важно помнить о том, что постоянный поиск совершенства может стать разрушительным.

В вопросах сексуальности этот знак обладает бурной энергией, но при этом наивен. Их сексуальность, управляемая Меркурием, носит пытливый характер, они рассматривают все аспекты секса, включая телосложение партнера.

В недостатках всегда есть своя красота, поэтому Деве важно понять, что то, что кажется недостатком, может быть скорее полезностью, чем дефектом.

Этот интеллектуальный знак очень возбуждается от юмора и умных разговоров. Теоретически из Дев могли бы получиться замечательные романтики, но если ваш любовник-Дева не Николас Спаркс или Корин Тел ладо, то он или она, скорее всего, проявит это в сокращенном виде.

Не удивляйтесь, если ваш любовник-Дева будет довольно замкнутым в спальне, по крайней мере, поначалу.

Дева - человек рутины, и пока ему не удастся наладить диалог, он будет влюбленным зрителем, который будет очень внимательно следить за тем, что происходит в постели.

Это не значит, что он не развратен, на самом деле Дева любит проявлять энтузиазм в спальне, в безопасной обстановке Дева захочет заниматься регулярным сексом, который позволит ему изучить все ваши наклонности. Но не пытайтесь сделать что-то неожиданное, резкая смена движений или ролей дезориентирует его.

Дева любит быть полезной и использовать свои навыки при любой возможности, поэтому она склонна быть "губкой" для чужих проблем. Лучший способ борьбы с этим - упростить ситуацию.

Несмотря на то, что Ваш партнер-Дева полон энтузиазма, не делайте его сторожем всех Ваших неудач. Если Вы будете сваливать на Деву весь свой стресс, она будет чувствовать себя подавленной. Лучше обратитесь за помощью к друзьям.

Чтобы отношения с Девой были прочными, важно знать, что он будет надежным, но ему также необходимо рассчитывать на Вас, особенно когда он ошибается.

Не критикуйте Деву, это может показаться парадоксальным, но Дева терпеть не может, когда обращают внимание на его поведение. Это даст ему возможность обратиться к Вам за помощью, что укрепит отношения.

Поскольку Дева стремится к невозможному идеалу в любви, то, когда утопия совершенства рассеется, Дева полностью откажется от отношений, не поставив об этом в известность своего партнера.

Он не намерен быть неприличным, он просто не любит разочаровывать людей и поэтому захочет уйти из отношений, не вступая в сложный разговор. Другими словами, Дева любит исчезать, не оставляя следов.

Если Вам удастся связаться с партнершей-Девой до того, как она попадет в другие объятия, она оправдается и постарается разрядить напряжение, взяв всю ношу на себя.

Когда разрыв происходит неожиданно, вам трудно отпустить ситуацию, вы мысленно переигрываете каждую деталь отношений, чтобы найти ключевой момент, когда все повернулось на 180 градусов.

Дева не всегда бывает черно-белым, на самом деле он слишком сложное существо, и, если он находит достаточно информации, чтобы сделать вывод, что его нынешние отношения несовершенны, он готов искать удовлетворительные отношения в другом месте.

# Общий гороскоп для Дева

*Дева. Этот год будет для Вас годом больших возможностей во всех сферах Вашей жизни. Разумеется, не обойдется и без трудностей, которые могут существенно повлиять на вашу карьеру и отношения.*

*Рекомендуется стремиться к достижению своих целей и сохранять баланс во всем, так как некоторые планы придется отложить. Некоторые неудачи могут возникнуть из-за недостатка энергии, поэтому следует контролировать свои эмоции и исключить негативные мысли.*

*Если сосредоточиться, то можно без особых проблем решить все свои проблемы и добиться успеха. Для этого необходимо избавиться от нерешительности и отделить себя от устаревших взглядов.*

*В определенные периоды года Вы будете вынуждены прибегать к дипломатическим уловкам, чтобы избежать конфликтов с окружающими, особенно на работе.*

Отпуск будет полезен семейным парам, он напомнит им о первых моментах их отношений. Тем, кто находится в отношениях, следует не забывать находить время для общения.

Для одиночек возможно все: и недолгий роман с энтузиазмом, и знакомство в социальных сетях, и значимые отношения с коллегой, и романтическая прогулка с человеком, которого вы встретите на рынке.

У них возникнут некоторые семейные проблемы, но все они будут успешно разрешены.

На работе нужно стараться предлагать собственные решения проблем и брать на себя все дополнительные обязанности.

Финансы будут стабильными, хотя в некоторые периоды, в частности в середине года, существует вероятность снижения доходов или задержки платежей. На этих этапах следует отказаться от кредитов и, конечно, не давать деньги в долг.

При инвестировании следует прислушиваться к советам людей, обладающих большим опытом, чем вы.

Семья будет саботировать Вашу экономику, поэтому Вы должны быть очень организованны в отношении своих финансов. Важно помириться с близкими, так как в неожиданные моменты Вам может понадобиться их помощь.

В целом здоровье будет хорошим, но следует остерегаться инфекционных заболеваний и эпидемий. Не забывайте посещать врача для профилактики возможных хронических заболеваний.

Необходимо тщательно заботиться о здоровье кожи и глаз от вредного воздействия компьютера и сотовых телефонов.

В отдельные месяцы могут проявляться симптомы эмоционального истощения или депрессии, и способ борьбы с этим - чаще бывать на природе. Кроме того, прекрасное воздействие на здоровье окажут физические упражнения и медитация.

В целом год будет благополучным, несмотря на все перемены и непредсказуемые события. Следует воздерживаться от импульсивных поступков, проявлять терпение при жизни в неопределенных ситуациях и пользоваться благоприятными обстоятельствами.

Важно следовать своей интуиции, особенно в романтических отношениях. Принимайте решения, но и не спешите, так как можете совершить ошибку.

## *Любовь*

*В 2024 году Вы можете открыть свое сердце и привлечь в свою жизнь новую любовь, поскольку Вы будете более оптимистично смотреть на любовь. Это будет хороший год для романтических отношений, независимо от того, одиноки вы или женаты.*

*Вы получите много уроков любви, помня о том, как много вы отдаете и получаете.*

*В середине года трудности и проблемы могут стать весьма очевидными. Важно решать проблемы и иметь в своей жизни здоровую, поддерживающую любовь. У Вас будет время, чтобы сгладить ситуацию, особенно в периоды новолуния.*

*В периоды ретроградного движения Меркурия старые раны могут мешать вам, и важно разобраться с ними.*

*Ваша любовная жизнь и брак потребуют постоянных усилий и самоотдачи. С помощью звезд Вы сможете достичь хорошего баланса между эмоциями и романтикой. Некоторые Девы в течение года примут важные судьбоносные решения, касающиеся их любви или брака.*

## *Экономика*

*В этом году Вы сможете добиться прогресса в реализации своих долгосрочных планов, и упорный и умный труд принесет свои плоды. Вы добьетесь признания и наладите контакты с важными людьми. Это может принести больше обязанностей, но Вы справитесь с ними.*

*В периоды новолуния перед Вами могут открыться новые возможности, и Вы добьетесь феноменального успеха. Вам следует с энтузиазмом относиться к своим целям и концентрироваться на том, чего вы хотите достичь.*

*У Вас будет много энергии для достижения успеха, поскольку Вы станете более амбициозными и сосредоточенными. Это действительно прекрасный год для достижения успеха, поэтому начинайте работать над своими планами и подходите к выбору с умом, чтобы не упустить ни одной возможности.*

*Сосредоточьтесь на том, что вызывает у вас энтузиазм, соберите необходимую информацию и сделайте это правильным образом и по правильным причинам.*

*В периоды Полнолуния Вы будете достигать новых высот и не сбавлять темпа. Вы должны чувствовать себя комфортно, осознавая, как далеко Вы продвинулись за столь короткий срок, и помнить, что Вы заслужили это после всех тяжелых трудов и испытаний, через которые прошли.*

*Если вам не нравится работа, которую вы выполняете, вы можете изменить ее. Постарайтесь сосредоточиться на любимой работе, чтобы уверенно выйти на новые горизонты.*

*Вы получите финансовое вознаграждение или дополнительные ресурсы, которые облегчат вашу жизнь.*

*Лунные затмения помогут вам решить денежные проблемы, завершить финансовые соглашения, отпустить старые финансовые схемы.*

*Если у вас есть травмы, связанные с деньгами, то сейчас самое время понять и освободиться от этой энергии, чтобы двигаться вперед. Деньги не делают людей плохими; люди делают деньги плохими.*

*Солнечные затмения принесут вам большие финансовые возможности, и у вас не будет проблем с деньгами. Вы сможете добиться профессионального успеха, а вместе с ним и материального изобилия.*

*Вся ваша напряженная работа и последовательная деятельность в последние месяцы 2023 года окупится в 2024 году. Не забывайте следить за технологиями, которые будут способствовать вашему росту.*

*Планируйте, что вы сможете инвестировать в недвижимость, когда ваши финансы придут в норму. В течение всего этого года планеты будут благоволить Вам, если Вы приложите усилия. Девы старайтесь не успокаиваться и продолжать упорно трудиться, вкладывая время и силы, чтобы у Вас было светлое будущее.*

### Семья

*Сфера Вашего дома и семейной жизни в начале 2024 года будет находиться в беспорядке, но, скорее всего, он не продлится долго. Проблемы будут, но Вы будете знать, как их быстро решить.*

*Есть вероятность, что вы запланируете переезд или перестройку дома, вам придется взять на себя больше семейных обязанностей. В периоды Полнолуния вы сможете завершить любые изменения в доме и решить проблемы в семье.*

*Если вы хотите получить больше поддержки от своих близких, вам необходимо укрепить отношения с семьей или с теми, кого вы считаете семьей, т. е. с близкими друзьями.*

*В периоды ретроградного Меркурия станут известны проблемы в семье, которые еще не решены. Вы будете испытывать эмоциональный дискомфорт.*

*В некоторые периоды может пострадать здоровье членов Вашей семьи, а также финансы Вашего дома. На этих этапах у Вас будет много забот.*

### Здоровье Девы

*2024 год благословляет Вас хорошим здоровьем, и у Вас не будет серьезных забот, однако это не означает, что Вы должны быть осторожны. У Вас будет высокий уровень энергии, если Вы будете придерживаться хорошего физического режима, сбалансированной диеты и регулярно посещать врача.*

*В середине года из-за стресса у Вас возникнут проблемы с психическим здоровьем, поэтому старайтесь сохранять оптимизм. Старайтесь медитировать и заниматься спортом, по крайней мере, старайтесь чаще ходить пешком. Не проводите дни сидя или лежа за просмотром сериалов на Netflix.*

*Вам следует обратить внимание на то, как вы питаетесь, так как у вас, может быть, дефицит некоторых витаминов.*

*Берегите мышцы спины и остерегайтесь интоксикации напитками, при возникновении проблем может потребоваться госпитализация.*

### *Важные даты*

**2/24 - Полнолуние в Деве**. *Это время сильных эмоций, и вы можете увидеть результаты того, что вы делали до сих пор. Вы можете быть чувствительны и более сосредоточены на себе. Постарайтесь дать себе передышку.*

**7/25 - Меркурий входит в знак Девы.**

**8/ 5- Венера входит в знак Девы.**

**8/ 5- Меркурий начинает ретроградное движение в Деве**. *Постарайтесь быть мягкими с собой, не требуйте от себя совершенства и планируйте до наступления ретроградного периода решение тривиальных задач, чтобы не беспокоиться о них во время ретроградного периода. Это благоприятный период для получения второго шанса, так что сосредоточьтесь на этом.*

**08/22- Солнце входит в знак Девы.**


**9/ 03 - Новолуние в Деве.** Обычно это благоприятное время для энергии, энтузиазма и возможностей. Возможно, появятся новые возможности, которые вызовут у Вас энтузиазм, и Вы сможете сосредоточиться на том, что хотите сделать для себя. Вы можете взять инициативу в свои руки и добиться желаемого.


**09/18 - Частичное лунное затмение в Рыбах, вашем противоположном знаке**

### *Весы*

*Весы неравнодушны к гармонии и стремятся к равновесию во всех сферах своей жизни. Весы - воздушный знак, он сохраняет беспристрастность, необходимую для того, чтобы всегда быть справедливым, благодаря своей душевной глубине, что делает его самым социально выразительным знаком Зодиака.*

*Соблазнительные и популярные среди своих друзей, Весы развиваются до совершенства в повседневной жизни и являются законными эстетами Зодиака. Венера, планета любви, красоты и денег, управляет Тельцом и Весами, но аналогия Весов с Венерой отличается от аналогии Тельца.*

*Для Весов романтический темперамент — это интеллектуальный, он обожает искусство и интеллектуальность. Этот выдающийся знак можно встретить дегустирующим вина или восхваляющим произведения современного искусства.*

*Весам необходимо, чтобы их окружали предметы, демонстрирующие их причудливые интересы, поэтому они являются прекрасными художниками.*

*Никогда не следует воспринимать предпочтения Весов как свидетельство их пренебрежения к тому, что лежит на поверхности. Весы заботятся о справедливости и борьбе за других, за то, что справедливо, и, следовательно, примут на себя роль мудрого и справедливого арбитра, когда этого потребует ситуация.*

*Весы никогда не будут властными и показными в своих нравах, этот тонкий знак способен решать проблемы без особых усилий. Весы символизируют "мы", отношения важны для Весов, которые находят баланс в отношениях, поэтому Весы должны быть осторожны и не искать внимания вне условий, оговоренных с партнером.*

*Весы хотят, чтобы все были довольны, и могут поддаться искушению переступить черту флирта.*

*Чтобы быть принятыми, Весы не будут сдерживаться ни в чем, даже если это означает подвергнуть риску их нынешние отношения.*

*Будучи кардинальным знаком, Весы прекрасно умеют создавать новаторские идеи и видеть все альтернативы в каждой ситуации.*

Рассматривая все точки зрения, ему трудно принять решение, он затрудняется в выборе, так как постоянно балансирует на чаше весов.

Этот воздушный знак ориентируется на внешность, тщеславие может быть хрупким для Весов, и они могут чрезмерно сосредоточиться на партнере, который соответствует их эстетическим предпочтениям.

Наличие хорошего вкуса - не повод для огорчений, к тому же ключевое слово Весов - деликатность, а резкое или деспотичное поведение, такое как смс каждые 3 минуты, электронные письма в любое время суток или попытки завершить отношения слишком быстро, раздражают его.

Весы стремятся к элегантным и постепенно развивающимся отношениям, они с партнером должны шаг за шагом укреплять любовь и доверие, формируя связь, основанную на одновременном интересе к прекрасным вещам. Если вы хотите завязать роман с Весами, посетите открытие галереи или классическую оперу.

Весы любят влюбляться, им свойственно без раздумий бросаться в романтику, они послушны и нежны, и между зваными вечерами, походами в амфитеатры и спонтанными походами в кино, свидания с Весами могут казаться интрижкой или сценарием романтического фильма.

Этот соблазнительный воздушный знак умеет удивлять, но в этих преувеличенных маневрах ухаживания есть и большая доля преднамеренности.

Весы четко ориентируются в своих желаниях, и им легко пытаться подстроить своего партнера под эти стремления, не считаясь с тем, что ваши собственные желания могут быть иными.

Создавая отношения с Весами, он будет знать, как проявить элегантность, и лучший способ понять, действительно ли Весы нацелены на отношения, — это не элементарные романтические жесты, а тонкие проявления привязанности.

Весы одержимы желанием быть покоренными, и, хотя физическая близость очень важна, в сексе этот знак нуждается в ментальных преамбулах, которые приводят к возбуждению.

Некоторые знаки могут быть стимулированы фантазиями о прямых сексуальных контактах, но аристократичные Весы считают эти восторженные встречи слишком прозаичными.

У Весов аллергия на конфликты, поначалу такое миролюбивое поведение кажется им идеальным, но оно может стать самым большим препятствием для их партнеров, ведь чтобы не разочаровать их, они часто прибегают к милосердной лжи и полуправде.

Важно помнить, что цель Весов - не манипулирование, он просто не хочет, чтобы вы на него сердились.

В то же время Весы должны помнить, что в жизни мы не можем быть золотыми модниками и нравиться всем — это невозможный подвиг.

В отношениях нужно быть честным, а здоровые конфликты дают возможность получить опыт, научиться и установить границы, когда это необходимо.

Компромисс основан на честном диалоге, и выражение своего несогласия также не позволит Весам со временем стать апатичными и обиженными, впасть в уныние и не допустить разрыва отношений.

Весам не чужды расставания, этот знак счастлив, когда находится в паре, но неудивительно, что они постоянно вступают и выходят из отношений. В их восхитительном мире расставаний не будет.

Весы всегда держат варианты открытыми, даже если находятся в значимых отношениях.

Когда Весы расстаются со своим партнером, он делает это очаровательным языком, так как всегда хочет держать дверь открытой, и, если они захотят расстаться с ним, он сделает невозможное, чтобы избежать этого.

Весы чрезмерно озабочены мнением, которое они вызывают у окружающих, и предпочитают сохранить признательность бывшего партнера, а не оттолкнуть его навсегда.

Весы настроены на романтику, но беспокоятся о своей репутации.

Этот знак очень гибок и способен выражать чувства своих партнеров, поэтому он будет раздувать факелы огненных знаков, формировать приливные волны с водными знаками, воздвигать горные хребты с земными знаками и поддерживать эффективные вихри с воздушными знаками, поскольку цель Весов - создать спокойную, безмятежную и гармоничную жизнь со своим партнером.

# Общий гороскоп для Весов

2024 год будет не таким сложным, как 2023-й, поэтому нужно просто сосредоточиться на Затмениях.

Лунное затмение в Вашем знаке 25 марта может принести Вам важное завершение или успех. Возможно, Вы подойдете к концу какого-то важного дела, и это даст Вам большое представление о Вашем будущем.

Вы можете добиться успеха в том, над чем давно работали, можете поверить в себя и свои силы. Это единственное Лунное Затмение в Весах в данной серии Затмений, поэтому энергия будет сильной.

2 октября в Весах произойдет Солнечное затмение, которое позволит Вам сосредоточиться на новом начале, использовать возможности и начать совершенно новый период в своей жизни. Это может быть связано с Солнечным затмением в Весах, которое произошло 14 октября 2023 года, и это совершенно новый период в Вашей жизни. Сосредоточьтесь на том, что Вы хотите начать, что требует от Вас смелости, и действуйте (конечно, с умом). Это последнее Затмение Весов в этой серии Затмений, так что

это последняя порция энергии для вашего знака, и вы можете чувствовать себя достаточно поджатым.

С наступлением года Вы сможете пожинать плоды своего труда. Этот год принесет контакты, которые помогут вам продвинуться в жизни. Вы должны научиться принимать любые перемены и возможности, которые открываются перед Вами.

Лучшее понимание людей и их мнений будет помогать Вам в течение всего года. Могут быть и мрачные дни, но не теряйте надежды, следуйте за своей мечтой и добивайтесь поставленных целей.
Это хороший год для изменения взглядов на жизнь, потому что в целом все сферы будут благополучны.

Благодаря благоприятному влиянию планет этот год благоприятен для того, чтобы обратить внимание внешнего мира на свои способности и таланты. Весы, вы можете доказать свою значимость уже сейчас, так как возможности будут приходить к вам со всех сторон. Покажите миру свою истинную силу.
Это один из лучших годов в любви. Если Вы одиноки, то вполне возможно, что любовь всей Вашей жизни сделает Вам предложение руки и сердца именно в этот период, так что

готовьтесь к браку и живите на своих условиях. Это время, когда вы будете наслаждаться прекрасной любовной жизнью.

Это также период обновления для всех, кто состоит в браке: с наступлением года ваши отношения начинают развиваться и расцветать.

2024 год будет полон романтических возможностей. Если вы состоите в отношениях, то можете ожидать более глубоких эмоциональных связей и большей гармонии с партнером. Если вы одиноки, то, возможно, именно в этом году вы найдете того самого человека. Вам повезет в этом году: это прекрасное время для планирования рождения ребенка, если вы об этом задумывались в последнее время.

В этом году стремитесь к балансу между эмоциями и романтикой в отношениях.

Ваш карьерный путь будет полон возможностей, планеты говорят о том, что Вас могут ожидать новые предложения работы, повышение по службе или интересные проекты. Важно, чтобы Вы оставались открытыми к переменам, так как этот год может принести неожиданные изменения. Не забывайте о своих целях, не отчаивайтесь, так как по мере развития года Вы постепенно достигнете своих финансовых целей.

*Это многообещающий год для Весов с точки зрения финансов, им обеспечено изобилие.*

*Уделяйте внимание своему физическому и психическому здоровью, так как поддержание равновесия имеет решающее значение. Применяйте целостные практики, такие как медитация и йога, которые помогут вам оставаться собранными и сосредоточенными.*

### *Любовь*

*Вы можете чувствовать себя перегруженным множеством обязанностей, и это может подталкивать Вас к конфликтам с партнером. Постарайтесь сделать перерыв и отвлечься.*

*Произойдут изменения в ваших отношениях, перестроятся ваши желания и потребности, то, что вы даете, и то, кого вы привлекаете.*
*Вы можете вступать в обязательства быстро и неожиданно, или при необычных обстоятельствах, или с нетрадиционными людьми.*
*В этом году Вы будете стремиться привлечь к себе внимание, что создаст некоторую драму в Вашей личной жизни.*

*В период новолуний в вашу сферу любви будут проникать более сбалансированные энергии, вы будете более оптимистичны, поскольку эти лунами наделяют вас магической энергией, которая идеально подходит для привлечения других людей, ищущих любовь время от времени, но не отчаянно пытающихся ее найти.*

*Ваша аура будет чрезвычайно конкурентной, и Вы не побоитесь пойти на риск с человеком, у которого, как Вы знаете, уже есть партнер. Вам следует быть осторожным в этих вопросах.*
*Ваше отношение, вероятно, приведет к разочарованию некоторых людей.*

*В периоды полнолуния вы можете укрепить свои обязательства перед другими людьми, если у вас здоровые отношения. Вы также будете отдаляться от других, если у вас не очень хорошие отношения или они являются токсичными людьми.*

*После июля Вы начнете выходить в свет и знакомиться с интересными людьми, среди которых один привлечет Ваше внимание настолько, что Вам захочется завязать отношения.*

*Существует вероятность того, что одиноких людей привлекают люди с особой чувствительностью, например музыканты или поэты, или что они могут встретить свою половинку в духовной среде.*

### Экономика

*В течение всего года вам придется много работать, чтобы получить выгоду. После 26 мая Юпитер в Близнецах окажет существенное влияние на Вашу профессию, если Вы захотите сменить работу, то это будет возможно. Новая работа будет лучше предыдущей и напрямую повлияет на Ваше финансовое положение, значительно укрепив его. Если у Вас есть* собственный бизнес, то следует максимально расставить приоритеты в своей работе.

Необходимо улучшить концентрацию внимания, и более глубокое изучение того, чем вы хотите заниматься, очень поможет вам. Возможно, Вам необходимо сначала усвоить уроки, касающиеся работы, ее значения для Вас, того, что необходимо для более качественного выполнения работы, и того, что Вы готовы отдать.
Вы сможете сделать хорошие инвестиции в свое финансовое будущее и постепенно достигать своих финансовых целей одну за другой. Это многообещающий год для Весов с точки зрения финансов, и вам гарантированы изобилие и финансовый рост. Не отвлекайтесь и будьте дисциплинированы в течение всего года.

Этот год будет годом, когда вы получите все, что хотели в финансовом плане, но это процесс, который не будет непрерывным, и будут вещи, о которых вам придется позаботиться.
Рекомендуется следить за своими деньгами и правильно управлять ими в начале года, чтобы в течение оставшейся части года добиться успехов.

В денежной сфере вам потребуется сильное сердце, чтобы противостоять затмениям, сохраняйте веру, потому что результат будет хорошим. Некоторое время вы будете находиться

на вершине мира, а затем окажетесь в глубине.
Но в этом году движения планет указывают на
благополучное завершение года.
Одним словом, у вас начинается период большого
процветания, и деньги будут сыпаться на вас
дождем.
Они смогут зарабатывать деньги на инвестициях
и азартных играх. Они также смогут купить
новый автомобиль.


## Семья

В этом году в вашей семейной жизни будет
присутствовать стресс. Ссоры неизбежны
Плутон в этом секторе произведет масштабные
преобразования в вашем доме, и вам придется
решать проблемы из своего детства.


Вы можете воспользоваться этим годом для
улучшения домашней жизни и работы, чтобы
укрепить связи с семьей или с теми, кого вы
считаете семьей.


Для вас важен прочный фундамент, поэтому
важно сосредоточиться на воспитании и
поддержке, сделать свой дом воспитывающим,
стремиться к налаживанию семейных связей.
В Вашем доме произойдут метаморфозы. Ваш
дом и благополучие станут для Вас приоритетом,
поскольку Вы будете проводить дома больше
времени. Вы будете думать о переезде, но

оставите это на 2025 год. Что вы сделаете, так это благоустроите свой дом, изменив некоторые вещи.

Если у вас есть старшие дети, то в этом году они могут покинуть дом. Ваши родители, братья и сестры могут переехать. Вся ваша семья будет находиться в движении.


## Здоровье Весов

В течение года могут возникнуть некоторые проблемы, связанные с беспокойством и стрессом, помните, что при хорошем физическом и душевном состоянии вы будете двигаться вперед по жизни, достигая прекрасных вещей.

Здоровье было напряженной областью в прошлом году. Вы столкнулись с серьезными проблемами, поскольку планеты оказывали на Вас давление. Вы по-прежнему должны быть внимательны к своей энергии в целом, особенно к уровню своей энергетики.
В этом году вам требуется в два раза больше энергии, и это может привести к поражению наиболее уязвимых органов.

Чрезмерные стрессы и малоподвижный образ жизни могут быть факторами риска, поэтому постарайтесь организовать режим дня, который гарантирует оптимальное состояние здоровья.

*Откажитесь от излишеств, отдыхайте, уделяйте первостепенное внимание правильному питанию. Выполняйте упражнения, позволяющие снять накопившееся напряжение. Рекомендуется попробовать новые техники, такие как медитация или йога, которые благотворно влияют на тело и разум.*

### Важные даты

**3/25- Полнолуние в Весах (полутеневое лунное затмение в Весах)** *в вашем знаке означает, что эта Луна окажет на вас особое влияние. Настанет время стремиться к улучшению своей жизни и жизни своих близких. Вселенная предлагает вам кнопку перезагрузки, которую вы так долго ждали.*

**29/ 06- Лилит входит в знак Весов.** *Этот транзит может усилить Вашу жажду справедливости, но также и склонность к манипулированию другими людьми, обычно с благими намерениями. В романтических и социальных отношениях Вам следует быть осторожным, чтобы не быть слишком непримиримым и не считать себя хозяином истины. Вам следует избегать циничных поступков, особенно когда Вы находитесь в обороне.*

**8/ 29 - Венера входит в знак Весов.** указывает на
чрезмерную аналитичность в отношении
аффективных вопросов.


**9/22 - Солнце входит в знак Весов.**


**9/ 30 - Солнце в соединении с Меркурием в Весах.**
Прекрасное время для изложения своих идей.


**10/2- Кольцевое солнечное затмение в Весах.**
Любовные разрывы или помолвки. Разочарования
или моменты духовного просветления. Начало
работы или семьи, связанное с прекрасным
завершением.

# *Скорпион*

*У Скорпиона плохая репутация. Этот темный водный знак известен своим таинственным обаянием, неуемным честолюбием и свойственной ему неуловимостью. Самый сложный знак Зодиака, он представлен Скорпионом - коварным животным, обитающим в темноте.*

*Для Скорпиона жизнь — это шахматная партия, которой управляет планета Плутон, обладающая способностью к самовосстановлению и превращению в свою лучшую и сильнейшую версию.*

*Рост для Скорпиона - стихия, он использует метаморфозы как инструмент эмоционального и психического расширения. Подобно Плутону и соблазнительным силам оккультного мира, Скорпион потеет энергией.*

*Скорпион не испытывает трудностей в поиске поклонников и известен своей невероятной чувственностью. Несмотря на свою похотливую репутацию, он ценит честность и конфиденциальность в отношениях.*

*Из-за своей невероятной свирепости и силы люди считают Скорпиона огненным знаком, однако он относится к стихии воды, что символизирует то, что он черпает свои силы из подсознания и эмоций.*

*Скорпион интуитивен и чувствителен, может воспринимать энергетику любого дома и впитывать эмоции окружающих.*

*Скорпион жесток и, как и его астрологический символ, бдит в темноте, ожидая удобного случая, чтобы нанести удар, когда его меньше всего ожидают. Этот расчетливый водный знак всегда планирует грандиозные планы на несколько шагов вперед.*

*Это не означает, что его намерения обязательно коварны, просто он любит планировать на долгосрочную перспективу, а для этого концентрируется на своих целях и никогда не показывают свои карты, и именно эта загадочность делает его таким притягательным.*

*Скорпион умеет использовать свою интуицию, чтобы манипулировать любой ситуацией и настраивать людей друг против друга. Скорпион должен всегда помнить, что, если он позволит себе управлять желанием манипулировать и властвовать, он рискует получить свой укус. Ваше скрытное поведение может привести к потере отношений.*

*Этот знак знает, как отдать все силы, когда его личная интенсивность проявляется в общении с самыми близкими людьми, потому что, будучи сомнительным и собственническим, он в то же время очень защищает своих близких и готов защищать их, не задумываясь об этом.*

*Когда он может установить доверие и чувствует себя в безопасности, Скорпион проявляет сочувствие и преданность.*

*Элегантный человек производит на вас хорошее впечатление, а у вас, как у водного знака, очень обострены чувства, поэтому в романтических отношениях вас желательно баловать с особой страстью.*

*Этот интенсивный водный знак очень ценит свою частную жизнь, поэтому ему нелегко впустить в свою личную жизнь постороннего человека.*

*Если вы заинтересованы в завоевании Скорпиона, то процесс ухаживания будет очень длительным и наполненным многочисленными испытаниями на эмоциональную стойкость.*

Каждое движение этого знака намеренно, поэтому вам придется быть очень быстрым, чтобы уследить за рифмой.

Если вы успешно пройдете через этот процесс, Скорпион будет готов к развитию связи с вами на уровне души. В отличие от других знаков, когда Скорпион находится в отношениях, это не означает, что он чувствует себя защищенным, его интенсивность вечна, поскольку его кардинальная цель - удержать партнера на всю жизнь.

Нет знака зодиака, более связанного с сексом, чем Скорпион, однако, несмотря на свои наклонности, физический акт близости для Скорпиона менее важен, чем связь.

Скорпиону очень трудно удовлетворить свой аппетит, поэтому его привлекают темные и таинственные переживания.

Чрезвычайно легко стать зависимым от своих отношений, и это может принять форму безумия, когда Скорпион специально создает проблемы, чтобы оценить своего партнера, - токсичное поведение, которое является неблагоприятным. Скорпиону следует помнить, что в серьезных отношениях люди имеют право на эмоциональную независимость и близость.

*Главное, что нужно помнить, находясь в отношениях со Скорпионом, — это то, что нужно быть ясным, спрашивать его о чувствах и не бояться оспаривать любое скрытое поведение.*

*Скорпион будет ценить ответственность, и чем больше вы будете взаимодействовать с ним посредством прямого общения, тем надежнее будут отношения.*

*К сожалению, в жизни неизбежны разочарования, и, хотя Скорпионы славятся своей способностью восставать из пепла, это не означает, что расставания даются им легко, более того, этот знак с трудом расстается со своими партнерами.*

*Неважно, является ли он инициатором разрыва, этот проникающий знак всегда чувствует себя беспомощным после того, как он произошел.*

*Иногда конец отношений высвобождает в Скорпионе тягу к контролю, что иногда приводит его к мучениям и взаимодействию с бывшими партнерами, поэтому лучше пресекать это в зародыше.*

*Движимый своими страстями, Скорпион - решительный партнер, и если некоторые знаки сопротивляются упорству Скорпиона, то другие знаки вдохновляются его энергией.*

# Общий гороскоп Скорпион

Это будет захватывающий и напряженный год, поэтому встретьте его с бодрым настроем. Будьте готовы к серьезным потрясениям. Важно сохранять непредвзятость, так как будут открываться новые возможности, но также и неожиданные трудности. Если вы сохраните гибкость, то сможете извлечь максимум пользы из этих обстоятельств и превратить их в позитивные достижения.

Хотя в течение года на пути Скорпиона могут возникнуть препятствия, не стоит терять веру в себя. Ожидайте неожиданностей и готовьтесь к худшему.

Держитесь подальше от всевозможных соблазнов и анализируйте все "за" и "против", прежде чем принимать важные жизненные решения.

Будьте честны, не теряйте достоинства и не теряйте надежды, когда вам бросают вызов. Это год судьбоносных перемен, периодически проводите переоценку своего положения в жизни. Продолжайте работать и плыть против течения.

В периоды полнолуния вы сможете увидеть результаты проектов, над которыми работали.

*Вы должны расставить приоритеты для себя, своих желаний и потребностей.*

*В периоды новолуния Ваша энергия и энтузиазм будут чрезвычайно высоки. Вам следует проявлять инициативу и искать возможности для новых начинаний.*

*В этом году вы почувствуете общие изменения в своей жизни, в своем подходе и мировоззрении. Это тонкие изменения, которые могут не сразу бросаться в глаза. У вас появится решимость достичь своих целей, несмотря на трудности.*

*Если вы думаете о том, чтобы завязать отношения, вступить в брак или завести детей, то это подходящий год. Вы получите поддержку и любовь от своей семьи.*

*Всегда старайтесь искать положительное во всем, с чем вам придется столкнуться в этом году, и ваши усилия окупятся в последние три месяца года. Не ждите, пока что-то упадет с неба, идите за этим.*

*Однако у вас будет много умственной энергии, и вы будете воплощать свои планы в жизнь. Поэтому следует развивать свои идеи, ум и быть более изобретательным в реализации своих планов.*

В периоды затмений вы сможете настроиться на подсознание и разобраться в своих проблемах. Это может стать важным периодом для того, чтобы отпустить и избавиться от чего-то или кого-то, что тяготило Вас в течение долгого времени.

Члены Вашей семьи будут поддерживать Вас, Вы будете чувствовать себя в безопасности, а Ваши настоящие дружеские отношения останутся крепкими. Те, кто действительно любит Вас, будут с Вами в трудную минуту. В середине года Вас должно насторожить предательство в дружбе, Вы окажетесь перед дилеммой: противостоять этому человеку или пустить все на самотек.

В этом году Вы будете в форме, Ваша энергия будет мощной, однако будьте осторожны и не перенапрягайтесь. Делайте перерывы, когда это необходимо, не допускайте переутомления.

## Любовь

В Вашу жизнь придут новые люди. Вы сможете пойти на компромисс и, возможно, отдалитесь от тех, с кем у Вас не сложились хорошие отношения.

*Пришло время серьезно отнестись к любви и поработать над устранением любовных травм прошлого. Они могут быть получены в молодые годы или в прошлых жизнях. Это очищение поможет вам укрепить эмоциональные связи с другими людьми.*

*Год благоприятен для заключения брака и рождения детей, что принесет радость и счастье в ваш дом, воспользуйтесь этим для улучшения семейных связей.*

*Скорпион в отношениях будет переживать очень решительный период. Будьте верны и честны со своим партнером, делитесь своими эмоциями. У некоторых Скорпионов дружеские отношения перерастут в любовные.*

*Если вы одиноки, у вас будут шансы найти любовь, или чтобы она нашла вас. Не торопитесь, не спешите, проанализируйте этого человека и прислушайтесь к своему сердцу.*

*В конце года возможны недоразумения и обманы для тех, кто помолвлен и может быть обманут во имя любви.*

*Жизнь оценивала Вас по-разному, ставила перед сложными ситуациями, но Вы с точностью выдерживали и преодолевали их, так что наберитесь терпения. Все эти переживания сделали Вас таким, какой Вы есть. Вы стали сильным и мужественным, и ничто не может бросить Вам вызов. Несмотря на это, Вы все еще боитесь выразить свои чувства. Этот год преподаст Вам много уроков, которые Вы игнорировали, притворяясь человеком, лишенным эмоций. Выражение своих эмоций очень важно.*

*Таким образом, если говорить о сердечных делах, то вас ожидает год глубоких эмоциональных связей и трансформации отношений. Независимо от того, одиноки вы или состоите в серьезных отношениях, планеты призывают вас принять свою уязвимость и открыть свое сердце для любви. Всегда доверяйте своей интуиции.*

*В этом году важно поддерживать баланс между работой и личной жизнью. Хорошо продуманные планы приведут к позитивным изменениям. Вы обретете стабильность и комфорт в личной и профессиональной жизни, выработаете зрелое мировоззрение.*

### Экономика

*В новом году вы начинаете уделять пристальное внимание деньгам, своему финансовому положению и тем ресурсам, которыми вы располагаете.*

*В периоды ретроградного Меркурия вы будете преодолевать трудности и пытаться устранить блокировки.*

*Вы получите денежную прибыль, но, возможно, не будете довольны этой финансовой прибылью. Начало года - не лучшее время для крупных инвестиций и риска.*

*Рекомендуется быть бдительным в инвестициях и сделках, так как неверный шаг может повлиять на ваши инвестиции и отразиться на вас эмоционально; будьте благоразумны с вашими финансами в этом году.*

*У Вас появятся новые источники дохода, а если Вы окажетесь в центре каких-либо споров, то деньги положат им конец. Во второй половине года возможны непредвиденные расходы на путешествия, здоровье, ремонт оборудования или автомобиля.*

*Для Вас важна работа, и Вы верите в то, что нужно упорно трудиться, а не упрощать путь. В этом году Ваша целеустремленность и сила воли приведут Вас к успеху. Ваша увлеченность работой вызовет восхищение коллег, а ваши усилия послужат примером для подражания.*

## Семья

*В вашем доме и семейной жизни будут возникать некоторые проблемы, но все они имеют решения.*

*Вы можете столкнуться с конфликтами с членами своей семьи. Может ухудшиться здоровье близкого родственника, что станет причиной неблагополучной атмосферы в доме.*

*Вы можете жить в совершенно другом месте, с новыми людьми, или искать возможности для преобразований в своем доме или в отношениях с теми, кого вы считаете семьей.*

*Февраль-март - лучшее время для переезда или ремонта жилья.*

*Вам следует работать над укреплением связей с теми, кого вы считаете семьей, чтобы сделать их более надежными.*

## Здоровье Скорпиона

*Важно заботиться о своем здоровье. У Вас появились вредные привычки, такие как чрезмерное употребление алкоголя и пропуск завтрака в пользу позднего обеда. Эти привычки могут пагубно сказаться на вашем самочувствии. Важно изменить их и перейти к здоровому образу жизни.*

Возможно, вам не удастся полностью отказаться от любви к алкогольным напиткам, постарайтесь уменьшить их потребление и частоту употребления.

Столкновение мнений с коллегами, особенно в середине года, может стать причиной стресса. Неумение выражать свои эмоции может усилить Вашу тревогу.

Стресс и беспокойство могут спровоцировать проблемы, связанные с артериальным давлением и нарушением пищеварения.

Подходите к физическим нагрузкам взвешенно, поскольку перенапряжение может привести к стрессу. Занимайтесь теми видами деятельности, которые полезны для души и сердца. Смех и радость должны сопровождать вас для поддержания хорошего самочувствия.

### Важные даты

**4/23 Полнолуние в Скорпионе.** Вам необходимо следить за своей склонностью к ревности и жажде мести. Эта Луна является синонимом глубины и возрождения, она приглашает вас заглянуть вглубь себя, чтобы преодолеть раны и возродиться. Вы можете почувствовать

естественное желание освободиться от вещей
или людей, которые больше не служат вашему
пути.


**9/23 Венера переходит в знак Скорпиона.** *Этот
транзит обладает огромной силой, поскольку
сфокусирует вас на изменении отношения к
интимной жизни. В этом цикле у вас есть
возможность открыть себя для нового контакта
с собственной близостью.*


**10/13 Меркурий входит в знак Скорпиона.**
*Активизируется ваш разум, который сможет
заставить вас видеть дальше поверхностного и
соединиться с вашей интуицией. Тайны могут
всплыть на поверхность, открывая все, что
скрыто.*


**10/22 Солнце входит в знак Скорпиона.**

**11/01 Новолуние в Скорпионе.** *Один из самых
важных моментов месяца, если вы хотите
соединиться со своим энергетическим
потенциалом. Преобразуйте в позитивном ключе
все, что требует перемен в вашей жизни.*

## *Стрелец*

*Стрелец - знак, который вечно накапливает знания. В поисках острых ощущений он пересекает моря и заглядывает во все тайники Вселенной.*

*Когда речь идет о любви, каждый день и час для этого активного огненного знака - приключение. Юпитер, планета изобилия, управляет Стрельцом, удача следует за ним по пятам, а Стрелец, как астрологический Кентавр, стремится к умственному, философскому и духовному развитию и, конечно, к веселью.*

*Стрелец способен превратить в увлекательный подвиг любое, даже самое приземленное занятие.*

*У каждого человека есть своя история, а поскольку Стрелец - превосходный оратор, Вы можете поделиться этими воспоминаниями с друзьями, родственниками и посторонними людьми так, что это вдохновит и просветит любого. А также вызывать заразительный смех у слушателей.*

*Поскольку этот огненный знак привлекателен, его всегда окружают жаждущие внимания зрители, иными словами, этот знак - знаменитый ребенок Зодиака. Как мотобольный знак, Стрелец также легко приспосабливается к* новым условиям, в нем глубоко укоренилось стремление к постоянным переменам.

Стрелец любит осваивать новые этические, идеологические и логические нормы, менять взгляды и, самое главное, путешествовать по миру.

Представители знака зодиака "Пешеход" обладают блуждающим характером и могут стать капризными, если слишком долго задерживаются на одном месте, поэтому для этого знака очень важно иметь свободу для исследований.

Не каждый может угнаться за постоянно меняющимися заботами Стрельца, поэтому, когда дело доходит до страсти, этот огненный знак известен тем, что завоевывает сердца.

Стрелец — это еще и клоун зодиака, он всегда расскажет какую-нибудь историю или анекдот, так что любой разговор будет полон острот и немалой искренности.

Хотя у Стрельцов нет соперников, им следует помнить об осторожности с острым языком и сатирическими высказываниями. Иногда их энергия переходит границы, выглядя самонадеянно и даже презрительно.

Мотобольные качества Стрельца делают его немного грубым, когда речь идет о принятии решений, например, о принятии обязательств в отношениях. Имея столько возможностей, он страдает от выбора правильных отношений, так как любит держать свои возможности открытыми.

Чтобы не чувствовать себя омраченным, нужно быть честным с этим знаком, разговаривать с ним, быть твердым, и все будет хорошо, потому что, если Стрелец что-то и ценит, так это искренность.

С его неизменным духом авантюризма встречаться со Стрельцом - все равно что летать на воздушном шаре или прыгать с парашютом в суровую погоду, потому что он любит жить на грани, где больше шансов открыть для себя что-то новое.

В отношениях Стрельца могут подтолкнуть к рискованным связям.

Привлечь внимание Стрельца нелегко, Кентавр не задерживается на одном месте достаточно долго, чтобы сохранить мотивацию. Поэтому, если вы пытаетесь завоевать Стрельца, вам придется постоянно держать этот динамичный знак в напряжении; не бойтесь проявлять более энергичные стороны своей личности.

Стрельца привлекает, когда вы отстаиваете свои интересы, поэтому не забывайте о приятном стиле общения. Жизнерадостные и свободолюбивые, Кентавры склонны к беззаботности в сексуальной сфере, их физические отношения могут варьироваться от случайных до серьезных, а секс для этого огненного знака, как для прирожденного археолога, всегда является событием.

Стрелец рассматривает интимную близость как повод для самопознания и интеллектуального отдыха, поэтому в сексе он, как правило, является серьезным искателем острых ощущений.

Когда Стрелец решит взять на себя обязательства, ничего не изменится, и вам придется стараться поддерживать авантюрный образ жизни 24 часа в сутки 7 дней в неделю.

Серьезные отношения — это разделение слабостей, создание метода поддержки и совместное преодоление трудностей, но, если Ваш маршрут не выдерживает предложенного Стрельцом расписания, постарайтесь сделать так, чтобы каждый день был событием.

Подумайте о том, чтобы изучить альтернативные оздоровительные практики вместе с вашим партнером-Кентавром; ему понравится развивать свои духовные границы, когда вы будете рядом с ним. Что касается приключений, то Стрелец ищет просто веселого компаньона, он хочет быть с тем, кто бросит ему вызов и расширит его горизонты.

Но никогда не забывайте, что даже в отношениях Стрелец не терпит границ, поэтому если вы окажетесь в отношениях с этим знаком, убедитесь, что у вас наготове доки для входа.

Вы не знаете, что вас ждет впереди, но это наверняка будет неумолимая поездка.

Границы — это не печаль; на самом деле они создают прочную основу для отношений.

В отношениях со Стрельцом старайтесь с самого начала создавать такие вещи, которые бы проясняли "до" и "дон" в отношениях.

Если вы хотите, чтобы ваш Стрелец присылал вам сообщения каждый вечер, то скажите ему об этом с самого начала, потому что Стрельцу будет легче понять суть отношений, если правила будут ясны.

Стрелец всегда ищет новых острых ощущений, его свобода должна уважаться, чтобы сохранить здоровые долгосрочные отношения, дайте ему понять, что Вы готовы участвовать в его занятиях, но позвольте ему самому принять решение и не заставляйте его чувствовать себя виноватым, если он решит сделать это самостоятельно.

Стрелец очень искренен, поэтому, когда он инициирует расставание, условия просты: если он говорит, что все кончено, значит, все кончено, с ним нет пути назад.

Будучи представителем богемы, он легко собирает вещи и уходит, когда что-то не получается. На самом деле, Стрелец часто может жить дальше, как будто отношений вообще не было.

# Общий гороскоп для Стрельца

*Этот год будет многообещающим для Стрельцов. Ваша личная и профессиональная жизнь будет складываться удачно, хотя и в них будут свои сложности и обязанности.*

*Вам предстоит принять несколько важных решений, поэтому стоит положиться на советы друзей и близких.*

*Это период, который вырвет Вас из рутины и подтолкнет к реализации жизненных амбиций. Это будет год, который подарит вам чувство самореализации.*

*Это удачный год для Стрельцов, но залогом успеха будет упорный труд и целеустремленность. Не будьте недальновидны, научитесь смотреть на картину в целом. Все ваши действия должны быть обдуманными.*

*Начиная с 25 мая Юпитер, Ваш управитель, транзитом переходит в знак Близнецов. Это поможет Вам приблизиться к своей судьбе.*

*В периоды ретроградного Меркурия вы, скорее всего, захотите запланировать новые начинания и сосредоточиться на втором шансе.*

*В периоды новолуния перед вами могут открываться уникальные возможности, поэтому* вы должны быть очень умны в своих решениях и верить в себя.

В периоды полнолуния ваши эмоции будут на пике, вам следует больше внимания уделять своим желаниям и потребностям.

Здоровье Стрельцов в этом году будет средним. Вы должны быть внимательны и озабочены своим общим самочувствием. У Вас будут периоды сильного стресса и тревоги, что негативно скажется на Вашем здоровье. Нездоровые привычки могут нарушить здоровье сердца.

Опасайтесь пагубных привычек. Получайте достаточный отдых и больше полагайтесь на домашнюю еду, а не на фастфуд.

Год благоприятен для семейной жизни, в вашем доме будет царить благополучие и счастье. Однако здоровье ваших детей может вызывать у вас беспокойство.

Те, кто хочет иметь ребенка, смогут зачать его в последние месяцы 2024 года.

Любовь расцветет, но вы должны постараться разрешить все разногласия, которые существуют в ваших отношениях.

.

## *Любовь*

*В этом году Вам следует обратить особое внимание на свои любовные отношения, так как все существующие проблемы могут усугубиться. Вы должны работать над устранением препятствий в любви.*

*В периоды затмений вы можете восстановить отношения со старыми возлюбленными.*

*Затмения могут напомнить вам о необходимости быть бодрым, веселым и впустить в свою жизнь любовь, если вы одиноки.*

*Периоды полнолуния сблизят вас с теми, с кем у вас крепкие отношения и с кем вы чувствуете духовную связь, но вы будете держаться подальше от токсичных людей.*

*Юпитер после 25 мая и в течение всего 2024 года привнесет энергию в Ваши отношения. У Вас появится возможность познакомиться со многими важными людьми, и из этих новых связей может возникнуть любовь.*

*Если вы состоите в отношениях, вы можете принять решение об их завершении.*

*В периоды новолуния вы будете открыты для обязательств, эмоциональных и физических связей с другими людьми.*

*Вас ждут сентиментальность, чувственность, страсть и море удовольствия.*

## Экономика

*Уран продолжает вносить изменения в вашу рабочую жизнь, но Юпитер дает вам возможность осуществить желаемые перемены.*

*У вас появятся новые возможности для реализации проектов или совершенно новая работа, которая приведет вас в восторг.*

*Следите за периодами новолуния, так как именно в эти периоды появятся новые возможности для вашего процветания.*

*Вы станете более продуктивными, эффективными и организованными, а любые проекты, в которых Вы будете участвовать, после августа принесут много плодов, то есть много денег.*

*В периоды полнолуния вы будете чувствовать эмоциональную связь с работой или профессией. В эти периоды вы приблизитесь к завершению важных для вас этапов в финансовом плане.*

*Вы должны иметь финансовые планы и грамотно инвестировать. Не увлекайтесь обычными вариантами инвестирования, так как вы можете потерять свой капитал.*

*Юпитер и Сатурн благоприятствуют вашим долгосрочным инвестиционным планам. В целом это год, в котором вы не почувствуете финансового кризиса.*


## Семья

*В вашем доме могут возникнуть какие-то неясные проблемы, но эти события укрепят вашу эмоциональную интуицию.*

*Некоторые старые проблемы, связанные с домом и семьей, придется устранить. Это может означать несколько периодов неопределенности, нестабильности или отсутствия семейных связей.*

*Вы можете переехать в другое место или приобрести недвижимость, расширить семью или взять на себя большие семейные обязанности. Именно периоды новолуния могут принести эти возможности.*

*Во время Лунных затмений будьте невероятно осторожны, так как эта сильная энергия может усилить любые семейные проблемы. Разумнее всего будет попытаться наладить отношения до начала Затмения.*

## *Здоровье Стрельца*

*Поскольку вы являетесь столь активным знаком, вы рискуете не заметить, как накапливается хроническая усталость и стресс. Рекомендуется посвятить время отдыху. Массаж, общение с друзьями, прогулки по пляжу улучшат настроение и аппетит.*

*Рекомендуется придерживаться здорового питания, стараться употреблять достаточное количество продуктов, богатых витаминами. При недостатке некоторых витаминов могут возникнуть проблемы с кожей.*

*Следует избегать нервного напряжения и не брать на себя сразу много обязанностей. Отдых на море будет не только увлекательным, но и благотворно скажется на Вашем физическом и душевном самочувствии.*

*Некоторым Стрельцам предстоит несколько визитов к стоматологу, а другие с грустью распрощаются с любимыми блюдами. Вам придется сесть на диету.*

*Любые усилия не будут напрасными. Умеренность и внимание к своему здоровью станут источниками оптимизма.*


## **Важные даты**

### 01/ 02- *Транзит Меркурия по Стрельцу в прямом направлении.*

Вы сможете более свободно общаться, ваши мысли будут легче концентрироваться на будущем.

### 05/23- *Полнолуние в Стрельце.*

У вас появится возможность отбросить те способы мышления, которые ограничивают ваш рост. Это идеальное время для того, чтобы расширить свой кругозор и почувствовать себя более уверенно. Это Полнолуние знаменует собой конец эмоциональных привязанностей, которые не согласуются с Вашей энергией. Закрывается глава в Вашей жизни, связанная с финансовыми вопросами. Вам необходимо найти баланс в повседневных делах.

### 10/17 - *Венера проходит транзит по Стрельцу.*

Это время покорения, поскольку Ваша аура будет магнетической. Серьезность не будет входить в ваши романтические планы, и у вас появится возможность попробовать что-то новое.

### 11/ 02- *Меркурий проходит транзит по Стрельцу.*

*Вы будете лучше понимать мотивы и поступки людей.*

### 11/21- Солнце входит в знак Стрельца.

*Избегайте подписания соглашений. Подумайте о своем прошлом, научитесь просить прощения и гибко подходите к расписанию. Планируйте все заранее. Не принимайте важных решений.*

### 11/ 26- Ретроградный Меркурий в Стрельце.

### 12/ 01- Новолуние в Стрельце.

*Проанализируйте свои личные отношения, воспринимайте все спокойно и освободитесь от стресса. Откажитесь от рутины, планируйте новые дела, прилагая усилия и отдавая себя делу. Ставьте перед собой твердые цели.*

### 12/ 06- Солнце соединяется с Меркурием в Стрельце.

*Отличный день для того, чтобы четко и уверенно донести свои идеи.*

### 12/15 - дефектный Меркурий в Стрельце.

*Вы сможете более свободно общаться, ваши мысли будут легче концентрироваться на будущем.*

# *Козерог*

*Козерог - знак, представленный морским козлом, животным, наполовину состоящим из козла, и хвостом рыбы.*

*Эта загадочная особь может жить как на суше, так и в воде, олицетворяя собой способность Козерога уравновешивать логику и интуицию.*

*Самый амбициозный знак Зодиака знает, как применить эти навыки на практике.*

*Козерог находится под управлением Сатурна, планеты, управляющей погодой и ограничениями. Сатурну в астрологии отводится роль преподавателя трудных уроков, и Козерогу не чужды эти страдания.*

*В детстве и юности Козерог обычно много работает, но затем, по мере взросления, омолаживается, становится оптимистичным и веселым.*

*Сила характера всегда при нем, и Козерог использует эту внутреннюю силу для преодоления препятствий и достижения своих долгосрочных целей. Одним словом, этот знак никогда не позволит ничему и никому встать на пути к своему успеху.*

*Будучи кардинальным знаком, Козерог прекрасно справляется с запуском проектов и занятием руководящих должностей, а его жизнерадостный настрой приводит его к успеху в любой профессии.*

*Козероги любят делиться с самыми близкими друзьями, и этот земной знак ценит качественное времяпрепровождение со своими партнерами.*

*Козерогу нравится создавать окружение из единомышленников, а внутри каждого серьезного Козерога скрывается очень озорной характер.*

*Поначалу, поскольку ему не хватает уверенности в себе, он кажется несколько традиционным и консервативным, но близкие к Козерогу люди знают, что этот морской козел может превратиться в настоящую ночную сову и веселиться без остановки.*

*Амбициозность Козерога вдохновляет апатичных людей, но из-за своей непоколебимой сосредоточенности он также имеет репутацию холодного и безэмоционального человека. По привычке он всегда думает о главном, и у него не хватает времени и сил на советы друзьям.*

*Хотя не все Козероги одинаковы, Козерогам следует помнить, что не все успехи в жизни могут быть отражены в резюме, а сопереживание важнее любой карьеры.*

*Сострадание и амбиции не являются взаимоисключающими, и когда он сможет объединить эти аспекты своей жизни, он будет гораздо более удовлетворен.*

*Козерог всегда имеет высокий статус, поэтому его привлекают партнеры, которые амбициозны. Его привлекают люди, обладающие профессиональными или творческими талантами, или даже юмором.*

*Когда вы заводите роман с Козерогом, не забудьте выделить свои лучшие качества и подчеркнуть свои способности. Козерог будет заинтересован в Вас.*

*Козерог хочет создать прочный фундамент в своих романтических отношениях, поэтому он не тратит время на мелкие связи, не переходит с ветки на ветку, и, если он проявляет интерес, значит, вы ему действительно нравитесь. Поначалу его стиль влюбленности может быть довольно традиционным, он не хочет тратить деньги ради денег, пока не появится уверенность. Если чувства зародились, Козерог начнет раскрываться, станет менее аскетичным.*

*Козерог-любовник подходит к сексуальности с акцентом и самоотдачей, в вопросах секса все черно-белое.*

*Для этого знака это либо проявление романтики, либо случайная ночь. Когда нет эмоциональной привязанности, секс с Козерогом может быть бесплодным, как бизнес с незнакомцем. Но когда он хочет раскрепоститься с человеком, к которому эмоционально привязан, он проявляет свою внутреннюю чудовищность.*

*Козерог, когда дело доходит до секса, является конкурентоспособным, поэтому он попросит вас рассказать ему обо всей вашей сексуальной жизни, не стесняйтесь, потому что то, чего он хочет, — это соревноваться или улучшить это.*

*Чтобы сохранить отношения с Козерогом, нужно просто помнить, что для Козерога любовь — это как бизнес, и, хотя он не работает ради оваций, как другие, он требует почтения, особенно от партнера.*

*Как только отношения переходят начальную стадию, Козерог начинает углублять связь. Козерогу необходимо быть рядом с надежным человеком, который также играет роль советчика.*

*Для этого знака работа необходима для выживания и является продуктивной отдушиной для его внутренней подсознательной борьбы.*

Козерог всегда будет благодарен за возможность раскрыть свои уязвимые места перед партнером, тем самым обеспечив себе не только любовника, но и друга.

Козероги известны своей выносливостью, и в отношениях будут ожидать от своего партнера тяги, соответствующей или превосходящей ее.

Это желание не просто быть сильным партнером, а создать и поддерживать качество жизни, которое Козерог может защитить. Для Козерога нет ничего более сексуального, чем сложная работа. Козероги не терпят ленивых людей, и если вы такой, то вы совсем не в их вкусе.

Когда Козерог слишком сильно давит на своего партнера, это может вызвать недовольство с обеих сторон, и чтобы избежать этого, нужно помнить, что каждый человек движется в своем темпе и, что самое главное, имеет свое собственное определение победы.

Если по случайности Козерог начнет относиться к Вам как к помощнику, то отношения могут оказаться на стадии угасания, и, хотя он не лжец, если Козерог решит сбиться с пути, он будет анализировать это как маркетинговое исследование, то есть изучать свои лучшие вapиaнты, чтобы сделать вывод о том, какой тип отношений наиболее выгоден.

В конце концов, для этого астрологического руководителя все - переговоры, даже самые эмоциональные ситуации можно смягчить хорошим предложением. Не поймите превратно, если Козерог считает, что отношения соответствуют его ожиданиям, он будет бороться за них до конца.

Но если он обнаружит, что математика больше не дает ожидаемых цифр, он будет готовиться к закрытию рынка.

Он искренне более ласков, чем предполагает его авторитет, но никогда не пытается убедить человека остаться, если он не заинтересован в продолжении отношений. Если вам посчастливилось стать обладателем Козерога, вам гарантирован стабильный, верный партнер.

# *Общий гороскоп Козерог*

*Плутон почти покончил с вами, Козероги, поскольку 2024 год - последний год его пребывания в вашем знаке. Плутон находится в вашем знаке уже почти десять лет, и за это время вы взяли свою жизнь под контроль.*

*В этом году Вы будете продолжать проявлять самоконтроль, у Вас будет много энергии для начала новых проектов, и перед Вами откроется множество возможностей.*

*Это хороший год для повышения уверенности в себе.*

*В периоды ретроградного Меркурия вы будете чувствовать себя неуверенно и думать, что вам не хватает ресурсов. Это может вызвать у Вас множество опасений.*

*В период полнолуния в Вашем знаке неуверенность в себе и старые проблемы будут подрывать Вашу уверенность и способность к творчеству. Сосредоточьтесь и работайте над улучшением ситуации как можно лучше.*

*Год заканчивается с новой Луной в Вашем знаке, поэтому Вы завершаете год с большей энергией для достижения своих целей в 2025 году. Вы с большим энтузиазмом будете стремиться к новым возможностям.*

*Из всех знаков Зодиака ваш знак будет наиболее подвержен влиянию лунных событий в 2024 году, это судьбоносный для вас год, который может подарить вам важные завершения и многообещающие начала.*

*2024 год будет годом благословений для Козерогов, так как перед ними откроется много возможностей, но также и вызовов в любовной жизни. Некоторые проблемы возникнут в личной жизни, связанные с партнером. В середине года одиноким людям будут поступать предложения о браке.*

*Эффективное общение и доверие помогут вам построить более здоровые отношения. Любовь и радость будут присутствовать в ваших отношениях. Иногда могут возникать препятствия со стороны родных и близких, поэтому держитесь стойко.*

*Необходимо стараться находить баланс между профессиональной и личной жизнью.*

*Финансы выглядят неплохо, однако необходимо немного сэкономить. Ваши руки будут заняты профессиональными обязанностями, которые истощат вас физически и психически. Вы будете морально истощены и подвержены стрессу. Вам следует избавиться от врожденной жесткости и стать более* чувствительным; это изменение может дать Вам возможность пережить важные события. Вам не нужно доказывать миру свою правоту — это покажет ваше отношение к нему. Ваши таланты приведут Вас к успеху. Делайте маленькие шаги, и, если удача будет на Вашей стороне, этот год станет судьбоносным для Ваших финансов.

Вас ждут хорошие отношения с родными и близкими. Доверяйте своим близким и делитесь с ними.

Некоторые проблемы со здоровьем могут нарушить ваше настроение, так как в некоторых случаях вы будете чувствовать себя измотанным. Из-за напряженного режима работы могут возникать боли в суставах и нервные срывы. Рекомендуется следить за симптомами и обращаться за медицинской помощью до того, как проблемы усугубятся. Здоровое тело и разум должны быть целью вашей жизни. Старайтесь вести здоровый образ жизни и придерживаться здорового питания наряду с изменением образа жизни. Исключите стресс из своей жизни.


## Любовь

Вопросы общения являются наиболее важными в этом году. Вам предстоят серьезные, непростые *разговоры с партнером. Постарайтесь проявить понимание и сострадание.*

*В периоды ретроградного Меркурия вы будете переживать некоторые драмы и недоразумения. Будьте очень терпеливы, важно сохранять спокойствие.*

*Проблемы с доверием могут разрушить ваши отношения, если вы состоите в паре, а подозрения могут привести к разрыву. Необходимо набраться терпения и не опускать руки.*

*В жизни одиноких людей секс будет занимать центральное место. При этом они должны стараться установить с партнером связь и на эмоциональном уровне.*

*Весь год Уран будет находиться в вашей сфере любви, что принесет непредвиденные изменения в ваши отношения, если вы одиноки, то у вас будет много поклонников.*

*В периоды полнолуния вы будете более серьезно относиться к любви и сблизитесь с теми, с кем у вас крепкая связь.*

*В периоды новолуния вы можете оформить новые обязательства или начать новые отношения.*

## **Экономика**

*Козероги, в этом году у Вас есть множество возможностей проявить свой талант на работе. Вы будете обладать даром легко находить решения препятствий.*

*Ассертивное общение с коллегами и руководителями выведет вас на путь к успеху. Поэтому необходимо совершенствовать свои коммуникативные навыки. Если Ваши финансовые цели велики, тем больше рисков Вам придется принять на себя в этом году. Азарт во всем - единственный путь к успеху.*

*В 2024 году Плутон пройдет транзитом по Вашей денежной зоне, разрушая шаблоны поведения и заставляя Вас начинать с нуля, если Вы чувствуете себя неуверенно, нестабильно, не имеете чувства собственного достоинства и не знаете, что Вам дорого. Это означает, что деньги или материальные ресурсы могут быть отняты у Вас, чтобы заставить Вас учиться.*

*Если вы уверенный, стабильный человек, этот год может стать годом расширения возможностей, который принесет вам больше контроля, и вы сможете создать больше процветания в своей жизни.*

В периоды Новолуния следует сосредоточиться на поиске финансовых возможностей, не забывая грамотно использовать свои ресурсы.

В периоды полнолуния можно работать над упорядочиванием своих финансовых планов и принятием решений, а также устранять денежные блокировки.

В этом году вы можете развивать способы зарабатывания денег, чтобы зарабатывать больше, и быть гораздо более изобретательными с тем, что у вас уже есть. Вы можете создать больше изобилия и возможностей для большего экономического успеха.

Юпитер принесет в вашу жизнь новые возможности для работы, вы получите предложения о работе или начнете новые рабочие проекты. Если Вам не нравится то, чем Вы занимаетесь, то это может быть год поиска другой работы или профессии.

25 марта в Вашей профессиональной сфере произойдет Лунное затмение. Это время, когда Вы сможете добиться чего-то важного и получить признание, если Вы все сделали правильно и с толком. Если же нет, то это может быть время неудач и задержек, и Вам придется пересмотреть свои планы.

*2 октября солнечное затмение в вашей профессиональной сфере напомнит вам о том, что пришло время брать на себя новые обязанности. Это затмение также принесет вам новые возможности.*

## *Семья*

*Это благоприятный год для существенных изменений в доме, ремонта, перепланировки, переоборудования или возвращения в место, где вы жили раньше.*

*Это год, когда можно выложить карты на стол и разграничить границы в отношениях с семьей, что не означает, что нужно вступать в конфликты, а наоборот, другие должны понимать ваши приоритеты.*

*2024 год станет годом укрепления связей на семейном уровне.*

*В периоды ретроградного Меркурия существующие проблемы в доме и семье дадут о себе знать. В доме будут возникать мелкие конфликты, Вы будете чувствовать себя дома не очень уютно. Семья будет более требовательна к Вам, и это может эмоционально изматывать Вас.*

Солнечные затмения помогут сосредоточиться на доме и укрепить семейные связи.

Периоды полнолуния в вашей сфере дома и семьи позволят раскрыть семейные тайны. Разрешив их, вы почувствуете себя более эмоционально защищенными. Полнолуние следует использовать для завершения проектов в доме.

### Здоровье Козерога

2024 год не может похвастаться большим количеством сложностей. Неправильно распределенный уровень стресса — вот что может принести вам такие неприятные ощущения, как депрессия и бессонница.

Основным разрушительным фактором является питание. Вы должны беречь свои защитные силы, стараться постоянно заниматься спортом и следить за своим питанием. Ограничьте количество острой пищи и пейте больше воды.

Необходимо проходить плановые медицинские осмотры, посещать стоматолога и контролировать уровень холестерина.

Им необходимо проработать свои эмоциональные проблемы. Хорошим вариантом является проработка сложных вопросов с психологом или психотерапевтом.

*В конце года Вы будете зациклены на своей внешности и захотите изменить свой образ. Постарайтесь не тревожиться по пустякам, так как страдает именно сердце. Позаботьтесь о своих костях и коже, не забывайте, что Ваша спина немного хрупкая и Вам необходимо укреплять мышцы.*

### Важные даты для Козерога

*01/ 04- Марс входит в знак Козерога.*

*01/11 - Новолуние в Козероге*

*01/14- Меркурий входит в знак Козерога.*

*01/20 - Солнце соединяется с Плутоном в Козероге*

*01/23- Венера входит в знак Козерога.*

*06/22- Полнолуние в Козероге*

*09/01- Плутон входит в знак Козерога.*

*10/12 - дефектный Плутон в Козероге*

*11/ 11- Венера дефектная в Козероге*

*11/ 15- Сатурн дефектный в Рыбах*

*12/ 21- Солнце входит в знак Козерога*

## *Водолей*

*Водолей, символизируемый носителем воды, которая дает жизнь земле, Водолей - почетный воздушный знак.*

*Прогрессивный и бунтарский, он существует для того, чтобы сотрясать порядок. Водолей верит в справедливость и честность, и для этого мыслителя все имеет социальное или политическое значение.*

*Он считает, что каждое действие имеет свою реакцию, и, соответственно, все его решения отражают мораль. Бунтарь в душе, этот воздушный знак презирает авторитеты и быстро отвергает все, что представляет собой условность.*

*Он искренне верит в то, что изменения в перспективе способствуют общему благу, и не боится звонить в колокола, когда речь идет о социальной справедливости.*

*Такой необычный образ жизни вдохновляет окружающих, и он любит доказывать, что всегда можно мечтать по-крупному. Если вы зашли в тупик при реализации какого-либо проекта, у Водолея есть решение.*

*Водолеем управляет Уран - планета, управляющая инновациями, технологиями и яркими событиями.*

*Он действительно обладает способностью к развитию, поэтому его часто называют чудо-ребенком Зодиака. Интеллектуальный и жаждущий перемен, он всегда на два шага впереди современного общества. Упрямство - его ахиллесова пята.*

*Упорство Водолея явно связано с его сильными и праведными доктринами, и эта черта замирает, как только у него появляется повод провозгласить позитивные перемены.*

*Поскольку Водолею всегда присуще стремление к равенству, он любит работать в коллективе и в сообществах единомышленников.*

*Водолею нужно много пространства для размышлений, формирования идей и планирования своей роли в любом деле, которое он отстаивает, - свобода, как в теории, так и на практике, очень важна для этого знака.*

*По сути, любой, кто оспаривает свободу Водолея, является его противником. Видите ли, Водолея трудно увлечь романтикой, поскольку он ориентирован на общество, а не на светскую беседу с одним человеком. Однако, даже если он* не хочет этого признавать, это вспыльчивый человек, который также нуждается в ласке.

Поскольку Водолей не такое уж физическое существо, любовь для него во многом похожа на дружбу, он любит свободно мыслить, поэтому его подход к знакомствам нетрадиционен.

Вместо традиционных свиданий подумайте о том, что соответствует их личным интересам, но при этом помните, что Водолей считает, что каждый интерес и хобби должны отражать этику человека, поэтому обязательно выясните, что именно ему нравится, прежде чем делать какие-либо оговорки.

Самое главное, что нужно помнить о романтических отношениях с Водолеем, — это то, что ему необходимо много личного пространства. Время, проведенное наедине с собой, очень важно для этого знака, и он будет бунтовать, если почувствует, что ему тесно.

Если сомневаетесь, вернитесь назад и подождите, пока Водолей сам придет к Вам. Помните, что, хотя он и отстранен, на самом деле Вы ему очень дороги, просто у него свой уникальный способ выражать эти чувства.

Водолей эксцентричен, поэтому не терпит, когда на него навешивают ярлыки и классифицируют, и его особенно радуют люди с нетрадиционным стилем, сочетающие в себе различные внешние проявления.

Неудивительно, что этот знак с такой высоко поднятой головой имеет репутацию отстраненного в интимных отношениях.

Однако несмотря на то, что его часто больше волнует абстрактное, чем плотские желания, не стоит обманываться, ведь Водолей любит удовольствия и знает, чего хочет.

Стимулируйте своего любовника-Водолея, меняясь ролями, экспериментируя со скрытыми желаниями и исследуя новые способы выражения индивидуальной сексуальности, а поскольку Водолей связан с техникой, то новейшие устройства для получения удовольствия будут стимулировать его больше, чем Ваши фантазии.

Хотя Водолею трудно найти баланс между потребностью в свободе и потребностями отношений, когда он берет на себя обязательства, он понимает, что все — это переговоры.

В основе своей он хочет, чтобы все было справедливо, а не чтобы его предпочтения доминировали в отношениях. Поэтому, поддерживая отношения с Водолеем, экспериментируйте с созданием различных параметров совместной жизни.

*Помните, что периодическая разлука не обязательно означает эмоциональную дистанцию; небольшая разлука помогает углубить любовь и доверие, закладывая основу для конкретных отношений.*

*Важно также иметь в виду, что, хотя Водолей выражает свои эмоции необычными способами, у него есть чувства, он делает все возможное, чтобы быть внимательным и добрым партнером, и будет зависеть от вашей поддержки.*

# Общий гороскоп Водолей

*Добро пожаловать на борт Водолея. 2024 год станет для вас годом веселья и исполнения всех ваших желаний благодаря планетарным событиям, происходящим в вашем знаке Зодиака.*

*В течение этого года Вы полностью сосредоточитесь на себе, определите новую личность и личные задачи, не поддаваясь влиянию ожиданий окружающих Вас людей. В течение этого года Вы будете пользоваться поддержкой семьи и друзей.*

*Ваши финансы будут находиться на "американских горках", поэтому следует быть осторожным с финансовыми вложениями, так как возможны потери и проблемы. будут возникать ситуации, которых Вы предпочли бы избежать. Не исключено, что Ваш авторитет будет поставлен под сомнение, и это нанесет ущерб Вашему престижу. Некоторые люди из Вашего окружения и коллеги разочаруют Вас, так как будут подвергать Вас интригам и лжи. Постарайтесь терпеливо относиться к таким ситуациям, чтобы все закончилось хорошо.*

*В течение этого года вы получите несколько важных уроков, поэтому следует набраться терпения и не беспокоиться по пустякам.*

*Если вы одиноки, то можете встретить родственную душу и установить очень глубокие связи. У Вас будут огромные возможности для достижения успеха, но Вам придется принимать некоторые важные решения, касающиеся бизнеса, а некоторым, возможно, придется разлучиться с семьей из-за работы.*

*Необходимо заботиться о своем здоровье и постоянно стремиться к хорошим привычкам, отказаться от нездорового питания и придерживаться здорового образа жизни в сочетании с физическими упражнениями. Следует воздерживаться от всего, что вызывает у Вас стресс и напряжение, так как это может негативно сказаться на Вашем эмоциональном состоянии. Если у вас проблемы со сном и отдыхом, не принимайте лекарств, попробуйте заняться медитацией.*

*Плутон вернется в Ваш знак в 2024 году, помогая Вам обрести личную силу и укрепив Вашу волю. Вы сможете развивать то, что вызывает у Вас энтузиазм, привнести в свою жизнь больше изобилия и проявить больше творчества. Вы станете более уверенными в себе, а Ваша сила будет мощной. Вы не позволите никому и ничему опустить себя. Это также благоприятно скажется на денежных делах и увеличит Ваше благосостояние. Перед Вами откроются новые* возможности, и, возможно, Вас ждет новая глава в Вашей жизни.

В период полнолуния Вам следует позаботиться о своих эмоциональных потребностях, так как Вы можете быть более чувствительны и расстроены. Позаботьтесь о себе, и Вы сможете чувствовать себя спокойно. Постарайтесь сосредоточиться на любви к себе, не позволяйте внешним обстоятельствам угнетать Вас. Вам следует соблюдать дистанцию в личных и сентиментальных отношениях, чтобы подходить к своим обязательствам со знанием дела. Вы должны понимать, что многие люди думают не так, как Вы.

Семейные конфликты будут изжиты, поскольку важные договоренности будут достигнуты в вашем доме.

У Вас будет несколько расставаний с токсичными людьми, если у Вас есть партнер, то возникнет много трудностей, так как в Ваши решения будет вовлечен третий человек. Важно, чтобы вы разрешили этот конфликт.

Если у вас нет партнера, то это год, когда можно закрыть сентиментальные этапы и снова влюбиться, и жить любовью в полную силу.

В периоды затмений используйте все свои профессиональные знания для формирования *своего пути. Не притворяйтесь невеждой, боясь не высказать то, что вы знаете, покажите, что вы профессионал.*


### *Любовь*

*Год большой любви, в котором вы поймете, что душевные терзания бессмысленны, если рядом с вами хорошие люди.*

*Если у вас нет партнера, то вас охватывает меланхолия, которая мешает вам двигаться вперед и знакомиться с новыми людьми. Вкус прошлой любви оставил глубокую рану. Оставьте эту роль жертвы, в которой вы чувствуете себя так комфортно, вы достойны большего, и в вашей жизни появится человек, который даст вам это понять.*

*Любая прошлая любовь должна быть забыта, и когда в вашу жизнь придет страсть, вы будете сожалеть о том, что не решились сломать эти шаблоны поведения раньше.*

*Для тех, у кого есть партнер, год будет благоприятным, так как они оставят в прошлом обиды, вызванные разногласиями или ошибками, которые совершил каждый из них, и год будет более позитивным в плане романтики и страсти. Конечно, будут возникать какие-то несущественные недоразумения, которые будут* доставлять дискомфорт паре, но все будет исправлено после долгих разговоров и договоренностей, в которых выиграют обе стороны.

## Экономика

В этом году вы сможете укрепить свою экономику и освоить новые приемы своей профессии, которые позволят вам добиться успеха.

Если вы ищете работу, обратитесь ко всем своим ресурсам, чтобы найти ее, возможно, вам даже порекомендует кто-то из знакомых. Лучший способ добиться успеха - адаптироваться к изменениям и решать проблемы, не теряя при этом терпения.

Это год изобилия, когда вы сможете купить что-то ценное, о чем всегда мечтали, дом или вложить деньги в бизнес. Некоторые трудности, связанные с финансами, вы сможете преодолеть с помощью творческого подхода.

Проблемы с деньгами можно решить, если разработать бюджет и найти способы более эффективного управления своими ресурсами. Возможно, Вы получите бонус или Вам повезет в азартных играх.

*Вы можете принять решение о покупке нового автомобиля, а также получить выгоды или возможности благодаря коротким поездкам, сообщениям, электронным письмам, контактам с коллегами и соседями. Следите за открывающимися возможностями.*

## Семья

*Вы будете незаменимы для своей семьи, и это отнимет у Вас много времени, которое Вы могли бы посвятить развлечениям. Ваше чувство ответственности будет востребовано по максимуму, и у Вас появится возможность быть примером для подражания, что Вам очень нравится. Помните, что Ваша семья должна знать, что на Вас можно положиться, если Вы будете отстраненным и с чувством собственного превосходства, то это будет трудно.*

*Уран пройдет через зону Вашего дома, и это может означать перемены в семейной жизни. Также возможен переезд в более просторное помещение, когда Юпитер пройдет транзитом по этому району в начале мая.*

*в периоды полнолуния вы будете завершать домашние проекты, но, возможно, вам придется решать и семейные проблемы.*

*С вами произойдет психологическая метаморфоза, и вы станете свидетелем духовного обновления на уровне семьи.*


## Здоровье Водолея

*В этом году вы поймете, что ошиблись в некоторых решениях, не впадайте из-за этого в депрессию. Вы должны повзрослеть, возмужать, решиться изменить свой образ жизни и принять более твердые решения для достижения оптимального здоровья.*

*Возможно, вам придется посетить операционную, но это будет незначительно, и ваше выздоровление будет быстрым.*

*Необходимо разгрузить организм и очистить его, позаботиться о толстом кишечнике, желудке и желчном пузыре. Необходимо обратиться к мануальному терапевту для коррекции костей с помощью рефлексотерапии. Занятия йогой и медитацией помогут сбалансировать тело физически и духовно.*

*Сексом следует заниматься умеренно, спать положенные часы и отключаться от обязанностей.*

# Важные даты

01/20 Солнце входит в знак Водолея.

01/21 Плутон входит в знак Водолея.

02/ 09- Новолуние в Водолее

02/ 13 - Марс входит в знак Водолея

02/ 16 - Венера входит в знак Водолея

05/02- Ретроградный Плутон в Акурой

06/ 29- Сатурн ретроградный в Рыбах

08/19 - Полнолуние в Водолее

11/ 19- Плутон входит в знак Водолея

# Рыбы

*Символом Рыб являются две рыбы, плывущие в противоположных направлениях и связанные невидимой нитью, что символизирует их существование на перекрестке утопии и реальности.*

*Это последний знак Зодиака, и по этой причине Рыбы аккумулировали в себе все уроки, пройденные одиннадцатью передними знаками.*

*Это самый духовный знак в зодиакальном колесе. Мирный и обходительный, но угрюмый, как особь, обитающая в глубинах океана.*

*Туманностью Рыб управляет Нептун - планета, управляющая творчеством и мечтами, а также утопией и эскапизмом. Нептун роскошен, увлекателен, но иногда может и пугать.*

*Эти свойства находят самое непосредственное отражение в Рыбах. Как водный знак, она обладает огромной многомерной глубиной и магией, что делает ее соблазнительной для других.*

*Подобно тому, как море чередует свои волны: то оно спокойно, фантазируя о завтрашнем дне и размышляя о душах и событиях своей жизни, то оно энергично и бурно, высвобождая свои сокровенные чувства в грандиозных течениях.*

*Поскольку море - мощная и опасная сила, прежде чем приступить к покорению Рыб, не забудьте набраться сил и быть готовым к тому, что вас ждет полный набор страшилок.*

*Приверженец своего метода, Рыбы никогда не боятся изменить свое мнение; более того, они радуются возможности принять новые точки зрения и идеи.*

*Рыбы не злопамятны; он может иметь самый большой конфликт в мире и полностью вычеркнуть его из своей памяти. Кроме того, Рыбы помогают другим взглянуть на жизнь с новых позиций, и вы можете рассчитывать на его помощь в любых обстоятельствах.*

*Он постоянно интересуется новыми методами расширения своего кругозора, и Рыбы любят подталкивать свою духовность через изменяющие воображение обычаи, даже если это означает погоню за русалкой в болоте, поскольку, как высший знак Зодиака, он совершенно уверен, что реальность действительно нематериальна. Этот знак - эмоциональная губка, притягивающая к себе все, что находится в ее окружении, даже то, что существует на тонком плане.*

Обладая столь высокой эмпатией, Рыбы, прежде чем вступать в новые отношения, должны потратить время на то, чтобы разобраться в своих ощущениях, отметить любой дискомфорт, а если ощущения странные, то можно с большой долей уверенности сказать, что они впитали темные энергии из аутического поля другого человека.

Если Рыбы смогут определить, откуда берется это напряжение, им будет легче осознать, как чувства других людей влияют на него физически.

Это поможет вам сконцентрироваться на установлении разделительных линий и избежать в будущем отягощения чужими трудностями.

Рыбы — это приветливая, ласковая и чистая душа, которую оживляют мечты, музыка и любовь. Знакомство с Рыбами подобно погружению в глубины великого океана, оно волнующе и таинственно.

Рыбы инстинктивно тянутся к нетрадиционным людям, которые маршируют под бой собственных барабанов. Однако это не означает, что их идеальный партнер - социальный изгой.

Рыбы предпочитают партнеров, связанных с новаторскими и либеральными сообществами.

*Когда речь идет о свидании с Рыбами, можно сходить в оперу, посетить художественную галерею или записаться на мастер-класс по изобразительному искусству.*

*Он находится под влиянием переживаний, в первую очередь тех, которые связаны с нереальными и не телесными потенциями, более того, любой опыт духовных Рыб, как подтверждается, связан с глубоким субъективным исследованием.*

*Со временем и в процессе общения вы сможете выяснить, какие именно виды практики может или не может выдержать ваш партнер этого знака, но в начале вашей помолвки избегайте всего непомерного.*

*Это проницательное существо не терпит ничего грубого.*

*При такой духовной и эмоциональной персонализации брачный союз Рыб глубоко сентиментален, это существо глубоких вод понимает интимные отношения как союз двух возвышенных и правильных душ.*

*Рыбы могут заниматься незапланированным сексом, но прежде, чем опускаться до такой низости, они предпочитают быть с тем, кто им дорог.*

Этому чувствительному знаку трудно установить границы, поскольку в море границ не существует. Причинно-следственные связи с Рыбами подобны путешествию в другую галактику, и гораздо сложнее приобщиться к их приливам и отливам в рамках устоявшихся отношений.

Построение длительных отношений с Рыбами — это целое искусство, требующее бесстрашия, драйва и адаптивности. Рыбы действуют в своей собственной реальности, поэтому неудивительно, что этот мечтательный водный знак может быть немного грубоватым по краям.

Он может строить с вами планы, желая купить дом или завести ребенка, а через некоторое время передумать.

Это разочаровывает, но не стоит вступать в конфликт с Рыбами по поводу их менее чем честного поведения, поскольку у них нет эмоциональных рамок, единственная защита - уплыть, а если вы не знали, Рыбы склонны прыгать с корабля при малейшем нападении.

В отношениях Рыбы должны согласиться с тем, что эмоции партнера необходимо передавать, ему может быть трудно признать *то, что он не хочет слышать, но общение — это залог того, что отношения не будут потеряны.*

*Если Вы чувствуете, что Ваш партнер-Рыбы начинает отдаляться от Вас, то одним из способов привлечь его к себе является музыка.*

*Вроде бы простая, но персонализированная вещь завладеет сердцем этой маленькой рыбки и поможет ему вернуть уверенность в отношениях.*

*Однако если отношения достигнут точки невозврата, Рыбы спокойно изолируются.*

*Он предпочитает не бороться с этой проблемой, поэтому предпочитаемая им форма расставания часто бывает расплывчатой и не окончательной.*

# Общий гороскоп для Рыб

*Если вы хотите кардинально изменить свою жизнь, устроиться самостоятельно или независимо, заявить о своей индивидуальности, то этот год - самое время — это сделать.*

*Влияние планет сделает Вас бесстрашным и смелым, но при этом подверженным несчастным случаям. Все несчастные случаи будут результатом Ваших необдуманных или импульсивных действий, так как Вы будете стремиться к авантюрам, не задумываясь о последствиях, о плюсах и минусах, которые могут возникнуть на пути.*

*Другие будут склонны называть Вас эгоистом или эгоцентристом, что не всегда будет ошибочным, так как Вы будете больше интересоваться своими делами, чем делами других людей. Кроме того, Вы станете гораздо более авторитарным, чем раньше, и будете склонны навязывать свое мнение.*

*Это год, благоприятный для достижения целей, которые Вы перед собой ставите. Вы будете очень постоянны и проявите большой авторитет, чтобы навязать свои идеи. Ваши амбиции будут сильными и точными, и Вы не будете поддаваться страхам и неуверенности.*

*Важно, чтобы Вы проявили проницательность и выбрали среди своих целей главные, а какие второстепенные. Порядок, метод, организованность, постоянная работа — вот ключевые слова для достижения успеха в этом году.*

*Вы также можете столкнуться с трудноразрешимыми проблемами, с противниками, которые ставят под сомнение Ваши способности, или же Вам придется иметь дело с начальством или авторитетными людьми, которые не очень логичны и представляют собой препятствие в Вашей жизни.*

*Судьба оценит ваше упорство и уверенность в себе. Успех будет обусловлен не везением, а постоянным трудом.*

*Дома Вы сможете найти благоприятный климат, который будет Вас поддерживать. Не позволяйте своим амбициям и материальным делам охладить Вашу эмоциональную сторону.*

*Нептун будет находиться в Вашем знаке в течение 2024 года, усиливая природную энергию Рыб, делая Вас более интуитивным, духовным, изобретательным, сострадательным, сопереживающим и творческим. Сатурн также будет находиться в Вашем знаке в течение 2024* года, ограничивая часть этой энергии и требуя от Вас большей сосредоточенности и контроля.

В 2024 году благодаря Сатурну у Вас появится больше обязанностей, и это может казаться иногда ограничивающим и удушающим, возможно, Вам предстоит выучить несколько уроков, которые помогут Вам развиваться по-новому.

В периоды новолуния у вас будут возможности проявить инициативу и добиться желаемого. Будьте дисциплинированы и не торопитесь, прислушиваясь к своей интуиции с помощью Сатурна и Нептуна.

Лунные затмения могут быть решающими моментами. Может произойти некий грандиозный финал, что-то, над чем вы давно работали и готовы завершить, или вы можете избавиться или отпустить что-то важное, что вас сдерживало или тяготило.

Вы можете увидеть результаты своей работы, и это означает, что Вы будете вознаграждены, если Вы все сделали правильно и по правильным причинам, или же у Вас могут возникнуть неудачи, если Вам необходимо изменить свой подход. Ваши эмоции могут быть сильными и глубокими, и Вам, возможно, придется уделять больше внимания своим желаниям и потребностям.

2024 год Рыб принесет вам много позитивных перемен, это период, когда вы будете двигаться вперед, и у вас будет возможность полностью реализовать свой потенциал в течение всего года благодаря положительным вибрациям вокруг вас. Этот год знаменует собой начало новой жизни для Рыб.

Упорный труд и целеустремленность позволят вам успешно завершить год.

Сосредоточьтесь на будущем и используйте все возможности, которые откроются перед Вами в этом году. Избегайте забот и тревог, которые могут вас измотать. Направьте свою энергию в позитивные сферы и добейтесь равновесия в своей жизни.

### Любовь

Этот год будет полон приключений, эмоциональных обязательств и обязанностей, которые могут раскрыть другую сторону Вашей личности. Вы можете чувствовать себя подавленным происходящими вокруг событиями, но со временем вы приспособитесь к ритму жизни.

*Ваши взгляды на отношения, баланс между работой и личной жизнью могут существенно измениться, поскольку вы вступаете в новую фазу своей жизни.*

*В периоды полнолуния вы будете более серьезно относиться к своим обязательствам. Вы можете быть более эмоционально привязаны. Если вы почувствуете, что у вас нет хорошей связи с кем-то, вы можете почувствовать необходимость полностью уйти.*

*В периоды, когда 5 июля Новолуние будет происходить в Вашем секторе любви, Вы будете приветствовать больше любви в своей жизни. Вы сможете проводить больше времени с теми, кого любите, и делиться любовью, которую испытываете. Если вы состоите в отношениях, то сможете привнести в них больше романтики. Если Вы одиноки, то сможете привлечь к себе много внимания и получить удовольствие от развлечений.*

*В периоды ретроградного Меркурия возможны обострения существующих проблем в отношениях.*

*Если вы одиноки, то большая часть вашего внимания будет сосредоточена на вашем личностном росте, а это значит, что в течение*

*2024 года вы не будете так заинтересованы в поиске своей второй половинки.*

*Возможно, именно в этом году вы начнете встречаться сразу с несколькими людьми, чтобы сравнить их между собой. В этом нет ничего плохого, но постарайтесь не ошибиться, чтобы не написать не тому человеку или не пойти не в то место и не в то время.*

*Если у вас есть партнер, могут возникнуть проблемы с общением, поэтому крайне важно честно выражать свои чувства. Кроме того, могут всплыть старые обиды и неразрешенные эмоции, что заставит вас взглянуть им в лицо и исцелить их. Помните, что эти трудности - возможность для роста, и они сделают вашу любовь только крепче.*

*В наступившем году будьте готовы к неожиданным событиям в своей личной жизни. Возможно, вновь вспыхнет старая любовь, или Вы встретитесь с человеком, который, как Вам кажется, отошел от Ваших мечтаний. Относитесь к этим встречам с открытым сердцем, так как они способны изменить Вашу любовную жизнь самым удивительным образом.*

## *Экономика*

*2024 год — это путешествие в приливы и отливы процветания, поскольку ваше внимание будет сосредоточено на денежной сфере. Этот год сулит вам волны возможностей, а ваши врожденные творческие способности и интуиция послужат ценным подспорьем в финансовом мире. Ваши новаторские идеи могут привести к неожиданным доходам, а организованные инвестиции принесут большую прибыль.*

*Однако могут возникнуть непредвиденные расходы или финансовые неудачи. Поэтому необходимо составлять бюджет и откладывать деньги на черный день. Следует с осторожностью относиться к рискованным предприятиям и помнить, что не все возможности так перспективны, как кажется.*

*Не допускайте импульсивных трат и придерживайтесь финансового плана. Интуиция может помочь вам в принятии финансовых решений, но она же может подтолкнуть вас к импульсивным покупкам под влиянием эмоций. Очень важно найти баланс между сердцем и кошельком. Подумайте, прежде чем брать на себя серьезные финансовые обязательства.*

*Подумайте о выделении средств на личное развитие: инвестиции в образование могут привести к долгосрочному финансовому росту.*

*Возможно, именно в этом году приобретение нового навыка принесет огромную пользу, увеличив ваш экономический потенциал или открыв новые возможности для карьерного роста.*

*В периоды Полнолуния вы увидите результаты проделанной работы и займетесь устранением блоков, которые мешали вам двигаться вперед, и ликвидацией проблем, которые вставали на вашем пути.*

*Во время ретроградного Меркурия у Вас будет много энергии и сосредоточенности, что позволит Вам вернуть изобилие в свою жизнь. Вы также можете возобновить рабочие проекты или возобновить старый проект, над которым не успели поработать.*

*Важно, чтобы Вы занимались работой, которая вызывает у Вас эмоциональный отклик, которая Вам нравится и приносит удовлетворение, иначе этот год может оказаться довольно сложным в профессиональном плане. Если у Вас этого нет, то 2024 год заставит Вас что-то изменить.*

## *Семья*

Этот год обещает сочетание любви, роста и проблем в семейной жизни, что даст вам возможность преодолеть препятствия.

В ядре вашей семьи появится человек, который освежит атмосферу, принесет ту энергию, которая так необходима всем. Его подход будет прямо противоположен вашему, но он принесет гармонию и связь в вашу семью.

Природное сострадание и эмпатия будут проявляться в Вас, делая Вас миротворцем в семейных разногласиях.

Однако будьте готовы к разногласиям и недоразумениям. Ваша эмпатическая натура может привести к тому, что вы будете принимать на себя эмоциональное бремя других людей, что может сказаться на вашем самочувствии. Установление границ и открытое общение являются ключом к преодолению этих проблем и поддержанию гармонии в семье.

Рассмотрите возможность участия в совместных мероприятиях для укрепления единства вашей семьи. Воспринимайте перемены как возможность для позитивных преобразований в вашем доме, способствуя созданию атмосферы взаимопонимания.

Вы должны уделять приоритетное внимание качественному общению с близкими. Отключитесь от отвлекающих факторов.

### Здоровье Рыб

В 2024 году звезды складываются так, что Вы получаете много энергии и жизненных сил, что позволит Вам иметь хорошее здоровье и большой энтузиазм.

Это отличный год для того, чтобы начать заниматься спортом в соответствии со своими предпочтениями. Сбалансированная диета и питьевой режим будут способствовать улучшению самочувствия. Личная гигиена должна стать вашим приоритетом.

Вы должны контролировать стресс и эмоциональные колебания, ваша эмпатическая природа может привести к эмоциональному истощению, поэтому необходимо устанавливать границы.

Переутомление может негативно сказаться на здоровье, поэтому регулярно делайте перерывы и отдыхайте, чтобы восстановить силы. Приоритет отдается полноценному сну и изучению целостных практик.

*У вас могут возникнуть проблемы с пищеварительной системой и прибавка в весе.*

## *Важные даты*

*02/19 Солнце входит в знак Рыб.*

*02/23 Меркурий входит в знак Рыб.*

*02/28 Солнце соединяется с Сатурном в Рыбах.*

*03/10 Новолуние в Рыбах*

*03/17 Солнце соединяется с Нептуном в Рыбах.*

*03/22 Марс входит в знак Рыб.*

*06/29 Ретроградный Сатурн в Рыбах*

*07/02- Нептун ретроградный в Рыбах.*

*09/18 - Полнолуние и частичное лунное затмение в Рыбах.*

*11/15 Сатурн дефектный в Рыбах*

*12/07 Сатурн дефектный в Рыбах.*

## Об авторах

Помимо астрологических знаний, Руби обладает богатым профессиональным образованием: она имеет сертификаты по психологии, гипнозу, Рейки, биоэнергетическому исцелению кристаллами, ангельскому целительству, толкованию снов, а также является духовным инструктором. Руби обладает знаниями в области геммологи, которые она использует для программирования камней или минералов и превращения их в мощные амулеты или талисманы защиты.

Руби обладает практическим характером, ориентированным на результат, что позволило ей иметь особое, интегративное видение нескольких миров, способствующее решению конкретных проблем. Алина пишет ежемесячные гороскопы для сайта Американской ассоциации астрологов; их можно прочитать на сайте www.astrologers.com. В настоящее время она ведет еженедельную колонку в газете *El Nuevo Herald* на духовные темы, которая выходит каждый понедельник в цифровом и печатном виде. Также ведет программу и еженедельный "Гороскоп" на YouTube-канале этой газеты. Ее астрологический ежегодник ежегодно публикуется в газете *"Diario las Américas"* под рубрикой *Rubi Astrologa*.

*Руби написала несколько статей по астрологии для ежемесячного издания "Today's Astrologer", вела занятия по астрологии, Таро, чтению по ладони, исцелению кристаллами и эзотерике. На ее канале в YouTube еженедельно выходят видеоролики на эзотерические темы: Rubi Astrologa. Она вела собственное астрологическое шоу, которое ежедневно транслировалось на канале Flamingo T.V., давала интервью нескольким теле- и радиопрограммам, ежегодно выпускает "Астрологический ежегодник" с гороскопом по знакам и другими интересными мистическими темами.*

*Она является автором книг "Рис и бобы для души", часть I, II и III, сборника эзотерических статей, изданных на английском, испанском, французском, итальянском и португальском языках. Книги "Деньги для всех карманов", "Любовь для всех сердец", "Здоровье для всех тел", Астрологический ежегодник 2021, Гороскоп 2022, Ритуалы и заклинания для успеха в 2022 году, Заклинания и секреты, Астрологические классы, Ритуалы и чары 2024 и Китайский гороскоп 2024 изданы на пяти языках: английском, итальянском, французском, японском и немецком.*

*Руби прекрасно владеет английским и испанским языками, сочетая в своих выступлениях* все свои таланты и знания. В настоящее время она проживает в Майами, штат Флорида.

Более подробную информацию можно получить на **сайте** www.esoterismomagia.com.


Алина А. Руби - дочь Алины Руби. В настоящее время она изучает психологию в Международном университете Флориды.

С детства интересовалась всеми метафизическими и эзотерическими темами, с четырех лет занималась астрологией и каббалой. Обладает знаниями в области Таро, Рейки и геммологи. Она является не только автором, но и редактором, вместе со своей сестрой Анжелиной А. Руби, всех книг, изданных ею и ее матерью.

За дополнительной информацией обращайтесь к ним по электронной почте: **rubiediciones29@gmail.com.**

## Библиография

*Статьи, опубликованные одним из авторов в газете "Nuevo Herald".*

www.ingramcontent.com/pod-product-compliance
Lightning Source LLC
Chambersburg PA
CBHW060558120726
48002CB00010B/2725